선택 과목 연계로
대학보다 학과

십대를 위한 진로탐색 02

선택 과목 연계로
대학보다 학과
〈이과〉

2020년 9월 10일 초판 발행

지은이 | 유레카 편집부
펴낸이 | 김지나
편집 | 이소은
마케팅 | 이재훈
펴낸 곳 | 디지털유레카
주소 | (03174) 서울특별시 종로구 새문안로3길 23
　　　　(내수동, 경희궁의아침 4단지) 오피스텔 502호
전화 | 02-322-1848(편집부) 02-558-1844(마케팅)
팩스 | 02-558-1847
E-mail | eurekaplus@daum.net
출판등록 | 2018년 10월 4일

ISBN 979-11-89937-69-0 (44000)
ISBN 979-11-89937-67-6(세트)

십대를 위한
진로탐색 02

선택 과목 연계로

대학보다
학과 이과

디지털유레카

우리는 어떤 선택을 해야 할까요?

애국조회 시간에 '국민교육헌장'을 외우고 교련시간에 제식훈련을 하던 시절이 있었습니다. 교편을 막 잡았을 때 컴퓨터교육이 시작됐고 현장은 빠르게 변화하기 시작했습니다. 남학생이 가정을 배우고 여학생이 기술을 배우더니, 이제 문·이과 경계를 없앴습니다. 교육이 백년지대계라지만 백 년은커녕 10년 앞도 내다보기 힘들 만큼 변화의 속도가 빠르고 그 내용도 깊습니다.

근간을 세워야 할 교육의 목표들이 변화의 주체가 되기보다 따라가기에 급급합니다. 이른바 4차 산업 시대가 시작되면서 새로운 교육의 방향성과 목표에 대한 담론들이 이어졌습니다. 인공지능의 활보가 다양한 일자리들을 사라지게 하고 명문대학 입학이 능사였던 시대는 끝났기 때문입니다. 더욱이 초 저출산 시대에 직면한 우리나라는 수도권 주요대학 이외의 지방 대학들은 소멸 위기에서 안전하지 않습니다.

우리는 어떤 선택을 해야 할까요?

미래학자들은 21세기 핵심역량으로 이른바 4C를 제시합니다.

비판적 사고력(Critical thinking), 창의성(Creativity), 의사소통 능력(Communication), 협업 능력(Collaboration)입니다.

2015 개정 교육과정은 이에 상응하는 교육 목표를 이루고자 문·이과의 경계를 허물고 다양한 과목을 개설하여 최대한 선택의 폭을 넓혀주었습니다. 대학교에서나 볼 수 있던 수강신청 기간의 진풍경이 고등학교 현장에도 나타납니다. 내신 유·불리를 따져보고 담당교사를 평가하기도 합니다. 최우수 학생들이 전국 의대 진학을 원하는 우리의 입시 풍토에서 선택 과목의 쏠림현상은 필연이고 경쟁은 더욱 치열해지고 있습니다.

그럼에도 놓치지 말고 주목해야 할 중요한 점이 있습니다. 각종 검사를 해도 잘 도출되지 않는 자신의 적성을 잘 파악한 다음, 진학하고자 하는 학과에 대해 정확한 정보를 얻은 후, 연계 과목을 선택하고 준비해야한다는 것입니다.

봉준호 감독은 아카데미 수상식에서 소감을 밝히면서 '가장 개인적인 것이 가장 창의적이다' 라는 말을 인용했습니다. 대학입시라는 바늘구멍만큼 좁은 과정을 어렵게 통과해 사회에 진출해도 안정된 일자리가 보장되지 않는 현실이니 이 말이 낭만적으로 들릴지 모릅니다.

하지만 지금 창의성은 한가한 얘기가 아닌, 생존의 문제와 직결돼 있습니다. 평생 경제활동을 하며 자신의 의·식·주를 해결해야 하는 것은 우리의 숙명입니다만, 동시에 행복해야 합니다. 자신이 좋아하는 일을 찾고 잘 할 수 있는 경쟁력을 갖추기 위해서 우리는 현명한 선택을 해야 합니다.

저는 이 책이, 고등학교 교육 과정상에 편제된 교과목과 진로의 연관성, 학과에 대한 특성이나 미래 전망을 살펴보게 해줌과 동시에 선배들이 겪었던 생생한 경험을 통해 자신의 적성이나 소질이 무엇인지 진지하게 고민하게 해주는 소중한 지침서가 되리라 믿습니다.

2020년 7월
김은영 한영고 교사

내게 맞는 일은
잘하고 오래하는 법이다

변화의 폭도 깊이도 속도도 아찔하다. 무엇보다 하루가 멀다 하고 다양한 일자리들이 사라지고 있다는 소식이 들린다. 대형마트에 늘어선 셀프 계산대가 겨우 익숙해지니 주문과 결제를 처리하는 무인 키오스크가 우후죽순 등장한다. 키오스크는 물품 및 서비스를 제공하는 조그만 점포와 독립된 단말기를 가리키는 말이다. 2014년 패스트푸드점에 처음 등장했을 때는 사람들이 낯설어하고 쓰기 어려워했는데, 지금은 동네 김밥집에서도 흔히 보인다. 롯데리아와 맥도날드의 경우 키오스크 도입률이 60%를 넘는다.

한편 미국에 무인점포 '아마존고'가 등장하자 미디어마다 앞다퉈 보도하던 게 엊그제 같은데 국내에도 아마존고와 비슷한 무인 매장이 등장하기 시작했으며, 무인 편의점도 하나둘 생겨나고 있다. 짧은 시간에 큰 변화가 연속적으로 일어나고 있다. 이러한 변화를 읽다보면 편의점 아르바이트 같은 단순 일거리 구하기도 어려운 이유를 알게 된다.

사람은 누구나 의식주 해결을 위해 평생 경제활동을 해야 한다. 꼭 해야 하는 일인데 쉽지가 않다. 나와 잘 맞는 일인지도 중요하고, 경제적 안정성도 고려해야 하고, 따져볼 건 많은데 일자리가 귀하다. 그동안 진학 준비만으로도 벅찼는데 대학 진학을 앞에 두고 보니 진로 적성이 고민 된다. 합격의 여부가 긴박해서 이 문제에 대해 철저하게 점검하기는 어렵지만, 그래도 자신의 적성에 대해 생각해보고, 어떤 과정을 거쳐, 어떻게 사회에 진출할지 생각해보게 된다. 과거에는 명문대학 진학이 가장 명쾌한 해법이었다.

그러나 세상이 달라졌다. 일반적으로 괜찮다고(?) 하는 4년제 대학의 정원은 전체 대입 지원자의 5% 정도다. 그런데 바늘구멍만큼 좁은 그 과정을 거쳐도 안정된 일자리를 보장해주지 않는다. 많은 미래학자가 정규직은 계속 줄어들 것이고, 단기 고용을 통해 일을 맡기는 임시직이 대세가 될 것이라고 전망한다.

세상이 변했으니 생각하는 방식을 바꿀 필요가 있다. 좀 더 정확하게 좀 더 넓은 시각으로 자신에게 잘 맞는 전공을 찾으면 생각보다 더 크게 꿈을 성취할 수 있는 기회가 열린다.

미래학자 토머스 프레이는 인터뷰에서 이렇게 말했다.

"2030년에 경제활동을 시작하는 사람은 평생 8~9개 직업을 바꿔가며 일하게 될 것이다."

하나의 직업이 아닌, 여러 개의 직업을 바꿔가며 일한다는 것은 어떤 의미일까? 아마도 전혀 낯선 일들을 널뛰듯 오간다는 뜻은 아닐 것이다. 자신에게 잘 맞는 적성을 찾으면 자신의 적성을 바탕으로 다양한 직업으로 변주해 가는 것일 수도 있다. 또 적성이 딱 하나일 수 없으니 다른 적성과 연관된 일을 자유롭게 찾아가며 일한다는 의미일 수도 있다.

그래서 다른 무엇보다도 적성이 중요해졌다. 멋모르고 입학 커트라인에 맞춰 대학에 진학한 후 전공 공부를 해나가다가 대학 2학년, 3학년 때야 적성과 관련해서 깊이 고민하는 경우가 많다. 예를 들어 성적이 좋아서 경영학과에 진학했는데 공부를 하다보니 경영학이 적성에 맞지 않고 심리학이 훨씬 자신에게 맞는 것 같다고 판단하는 식이다. 그럼 그때라도 방향을 전환하면 되지 않냐고 하지만 하던 길을 틀어 전공을 바꾸는 일이 절대 만만치가 않다.

아무리 비싸도 안 입는 옷이 있고, 아무리 싸도 손이 자주 가는 옷이 있다. 적성이란 그와 같은 것이다. 취향, 성향, 성격, 재능이 복합적으로 작용하는 것이 적성이다. 이때의 재능이란 대단한 것을 말하지 않는다. 꼼꼼하게 계산하는 일을 남보다 잘한다거나, 사람들을 유쾌하게 대하는 능력이 있다거나 하는 것 모두 중요한 재능이다.

그런데 적성에 맞는 학과를 고르는 게 생각보다 쉽지 않다. 합격하고 보자는 마음이 가장 큰 훼방꾼이고, 학과에 대한 이해도가 낮은 것도 문제다.

《대학보다 학과》는 월간 〈유레카〉의 전공탐색 섹션에서 다뤘던 글을 묶었다. '선배들이 들려주는 전공 이야기'는 매우 유용한 내용들로 짜여져 있다. 대학에 먼저 입학해서 공부를 하고 있는 선배들의 인터뷰를 꼼꼼하게 읽다보면 의외의 정보를 얻게 된다. 어떤 성향의 사람이 그 전공과 잘 맞는지, 대학에서 전공 관련해서 어떤 공부를 하게 되는지, 졸업 후 어떤 분야로 진출하는지, 이 과에 오기 위해 어떤 준비를 해야 하는지 등 꼭 필요한 내용이 빼곡하게 담겨 있다.

우리는 모두 망망대해를 항해해야 할 선장이다. 찬찬하게 선배들의 얘기를 들어보고 스스로 자신에게 맞는 항로를 찾아 나가길 염원한다.

2020년 7월
유레카 편집부

차례

선택 과목군 안에서
어떤 과목을 선택하느냐가
진로 · 진학과 직결된다

어디서 무슨 일을 하든 '지피지기知彼知己 백전불패白戰不敗'라는 말을 많이 한다. 대학 입학의 경우에도 '지피지기 백전불패'는 중요하다. 스스로를 아는 것의 중요성이 점점 커지는 사회에 살고 있어서 더욱 그렇다. 먼저 나를 알아야 하고, 시대가 요구하는 인재상을 알아야 한다. 내가 좋아하고 잘 하는 것과 시대가 요구하는 인재상의 간격을 좁혀가야 한다.

대학 진학과 관련해서는, 학과선정을 잘 해야 하고, 대입을 준비하는 고등학교 교육과정에서는 과목 선택을 신중하게 해야 한다. 그래야 대학 진학 후에 진로를 찾겠다고 헤매지 않을 수 있다. 또한 그래야 한 사람의 사회 구성원으로서 안정적으로 행복한 삶을 영위할 수 있는 가능성이 높아진다. 모두가 방탄소년단, 손흥민, 페이커처럼 될 수는 없다. 우리는 천재도, 영재도 아니고 공부보다는 노는 것이 더 좋은 평범한 학생들이다. 더군다나 부모님 세대처럼 교육이 계급 상승의 사다리 역할을 하던 산업주도 성장의 시기도 아니라서 자신의 길을 잘 찾아나가는 일이 더 중요해졌다.

인재 육성은 언제나 교육의 과제요 국운을 결정하는 중요한 요소였다. 그리고 인재 육성은 변화하는 시대적 요구와 사회상과 밀접하게 얽혀 있다. 2000년까지도 미국을 포함한 교육 선진국은 3R을 강조했다. 독서(Reading), 글쓰기(Writing), 연산(Arithmetic). 우리나라의 경우 2015 개정 교육과정에서 이 기본적 소양 위에 4C를 겸비한 인재 육성을 교육목표로 삼았다. 4C는 21세기가 요구하는 핵심역량이다. 구체적인 내용을 표로 정리해 보았다.

4C	내용
Critical Thinking 비판적 사고능력	문제해결 및 대처능력, 분석, 분류능력, 다각적 사고, 객관적 판단
Creativity 창의력	창의적 사고 능력, 통찰력, 기획능력, 혁신적 마인드, 스토리텔링
Communication 의사소통능력	협상과 설득을 위한 소통, 생각을 언어로 표현하는 능력, 프레젠테이션 능력
Collaboration 협업능력	융합적인 사고, 다양한 문화에 대한 이해 및 교류능력, 협력할 수 있는 사회적 능력, 소셜 미디어 활용, 리더십 발휘

21세기 인재육성의 목표, 핵심역량이 이렇게 변화하면서 자연스럽게 우리의 교육 패러다임의 혁신을 요구하게 됐다. 2015 개정 교육과정은 이 여섯 가지의 학습역량 강화를 교육목표로 삼았다.

첫째, 자기관리 역량 : 자신의 삶과 진로에 필요한 기초적 능력 및 자질

둘째, 지식정보처리 역량 : 다양한 영역의 지식과 정보를 처리하고 활용할 수 있는 능력

셋째, 창의적사고 역량 : 다양한 분야의 지식을 융합적으로 활용, 새로운 것을 창출하는 능력

넷째, 심미적 감성 역량 : 세상을 보는 안목과 문화에 대한 공감적 이해
다섯째, 의사소통 역량 : 타인과 소통하며 갈등을 조정하는 능력
여섯째, 공동체 역량 : 공동체 발전에 적극적으로 참여하는 능력

2015 개정교육과정에서는 이와 같은 교육 목표를 이루기 위해 전공 분야, 학과, 직업과 관련하여 학생들이 고등학교 3년간 공부해야 할 교과목을 스스로 선택해 자신의 진로를 개척해갈 수 있도록 교육과정을 구성했다. 2015 개정 교육과정의 편제, 기본구조는 아래와 같다.

〈2015 개정 교육과정의 편제〉

이러한 기본골격을 바탕으로 고등학교에서 배워야 할 교과들이 구성된다.
다음 세 가지 사항에 유념할 필요가 있다.

첫째, 기초 소양 함양을 위해 문·이과 구분 없이 모든 학생이 배우는 공통 과목을 도입하고, 통합적 사고력을 키우는 '통합사회' 및 '통합과학' 과목을 신설하였다. 주로 고1 과정에서 이루어진다. '공통 과목'을 통해 기초 소양을 함양한 후 학생 각자의 적성과 진로에 따라 맞춤형으로 교육받을 수 있도록 '선택 과목(일반 선택/진로 선택)'을 개설하도록 하였다.

둘째, 문·이과의 경계가 없어졌다고 해도 선택 과목군 안에서 내가 어떤 과목을 선택하느냐가 진로·진학과 직결된다. 대학은 선택 과목을 통해 진학할 학과에 대한 충성도와 준비성을 판단할 것이다. 고등학교에서 배우면 뭘 얼마나 배워? 라고 생각하면 오산이다. 물리 Ⅰ·Ⅱ를 배우고 온 학생과 철학, 사회문제탐구를 배우고 온 학생의 기본소양에는 큰 차이가 있다.

셋째, 일반 선택 과목은 모든 학생이 폭넓게 선택할 수 있는 과목인 반면 진로 선택 과목은 학생이 자신의 적성과 진로에 따라 선택할 수 있는 과목이다. 진로 선택 과목은 교과 융합학습, 진로 안내학습, 교과별 심화학습, 실생활 체험학습 등이 가능한 과목으로 구성되어 있다. 학교마다 개설교과목에 차이가 있지만, 교육부가 제시한 고등학교 교과목 구성은 다음 장의 표와 같다.

자신의 진로와 대입에 유리하도록 진로 선택 과목을 3개 이상 구성하는 일이 쉽지만은 않다. 내신관리에 유리한 과목들로 선택하거나 어려운 과목을 피하는 것은 답이 아니다. 대학별 입시 전형을 살펴보고 요구하는 전공적합성에 맞는 과목, 그중에서도 자신이 최대한 잘 할 수 있는 과목들의 접점을 찾아야 한다.

〈2015 개정 교육과정의 편제〉

교과 영역	교과 (군)	공통 과목	선택 과목	
			일반 선택	진로 선택
기초	국어	국어	화법과 작문, 독서, 언어와 매체, 문학	실용 국어, 심화 국어, 고전 읽기
	수학	수학	수학 I, 수학 II, 미적분, 확률과 통계	실용 수학, 기하, 경제 수학, 수학과제 탐구
	영어	영어	영어 회화, 영어 I, 영어 독해와 작문, 영어 II	실용 영어, 영어권 문화, 진로 영어, 영미 문학 읽기
	한국사	한국사		
탐구	사회(역사/ 도덕 포함)	통합사회	한국지리, 세계지리, 세계사, 동아시아사, 경제, 정치와 법, 사회 · 문화, 생활과 윤리, 윤리와 사상	여행 지리, 사회문제 탐구, 고전과 윤리
	과학	통합과학 과학탐구 실험	물리학 I, 화학 I, 생명과학 I, 지구과학 I	물리학 II, 화학 II, 생명과학 II, 지구과학 II, 과학사, 생활과 과학, 융합과학
체육 · 예술	체육		체육, 운동과 건강	스포츠 생활, 체육 탐구
	예술		음악, 미술, 연극	음악 연주, 음악 감상과 비평, 미술 창작, 미술 감상과 비평
생활 · 교양	기술 · 가정		기술 · 가정, 정보	농업 생명 과학, 공학 일반, 창의 경영, 해양 문화와 기술, 가정 과학, 지식 재산 일반
	제2외국어		독일어 I 프랑스어 I 스페인어 I 중국어 I / 일본어 I 러시아어 I 아랍어 I 베트남어 I	
	한문		한문 I	한문 II
	교양		철학, 논리학, 심리학, 교육학, 종교학, 진로와 직업, 보건, 환경, 실용 경제, 논술	

고등학교 현장에서는 대체로 2학년에서는 학기 집중 이수, 3학년에서는 학년 이수 형태로 운영한다. 2학년 때는 대학교와 같이 학기 집중 이수를 해야 다양한 교과를 선택할 수 있다. 수시모집에서 교과 이수상황이 3학년 1학기까지만 반영하는 현재의 대입 일정을 고려하면 학기 집중 이수 형태를 3학년에서 운영할 경우 2학기 수업이 제대로 이루어지는 데 어려움이 있으므로 3학년에서는 학년 이수형태로 운영하는 것이다.

교육부에서 각 계열별로 한 학과를 가정하여 학생이 선택할 수 있도록 교과들을 제시한 예시를 소개한다.

진로에 따른 과목 선택의 예시

인문 계열 ○○학과

언어와 문화를 탐구하는 어문계열 위주로 선택한 모형이다. 제2외국어는 II 수준까지 선택하였다. 언어 소통 능력뿐만 아니라 다양한 문학과 문화를 배우고 경험하는 분야이므로 생활과 윤리, 사회·문화, 세계사, 세계지리, 윤리와 사상, 철학 등 사회교과의 과목도 충분히 선택하였다.

구분	1-1	1-2	2-1	2-2	3-1	3-2
기초	국어 수학 영어 한국사	국어 수학 영어 한국사	문학 수학 I 영어 I	언어와 매체 수학 II 영어 II	독서 영어 독해와 작문 영미 문학 읽기	화법과 작문 영어 독해와 작문 영미 문학 읽기
탐구	통합사회	통합사회	생활과 윤리 한국지리 사회·문화	정치와 법 동아시아사	세계사, 세계지리 윤리와 사상 사회문제 탐구	세계사, 세계지리 윤리와 사상 사회문제 탐구
	통합과학 과학탐구실험	통합과학 과학탐구실험		생명과학 I		
체육·예술	체육 음악 미술	체육 음악 미술	운동과 건강 미술 감상과 비평	운동과 건강 미술 감상과 비평	운동과 건강	운동과 건강
생활·교양			한문 I	중국어 I	철학, 중국어 II	철학, 중국어 II

상경 계열 ○○학과

논리적이고 분석적인 사고력을 기르기 위해 수학을 충분히 선택하고, 국제 감각을 익히기 위해 정치와 법, 경제뿐만 아니라 세계사, 세계지리, 철학 등 사회교과의 과목도 광범위하게 선택하였다.

구분	1-1	1-2	2-1	2-2	3-1	3-2
기초	국어 수학 영어 한국사	국어 수학 영어 한국사	문학 수학 I 영어 I	언어와 매체 수학 II 영어 II 확률과 통계	독서 미적분(경제수학) 영어 독해와 작문	독서 미적분(경제수학) 영어 독해와 작문
탐구	통합사회	통합사회	생활과 윤리 한국지리	사회 · 문화 정치와 법	경제, 세계사 세계지리 사회문제 탐구	경제, 세계사 세계지리 사회문제 탐구
	통합과학 과학탐구실험	통합과학 과학탐구실험	물리학 I			
체육 · 예술	체육 음악 미술	체육 음악 미술	운동과 건강 미술 감상과 비평	운동과 건강 미술 감상과 비평	운동과 건강	운동과 건강
생활 · 교양			한문 I	중국어 I	창의 경영 중국어 II	창의 경영 중국어 II

간호 · 보건 계열 ○○학과

구분	1-1	1-2	2-1	2-2	3-1	3-2
기초	국어 수학 영어 한국사	국어 수학 영어 한국사	문학 수학 I 영어 I	언어와 매체 수학 II 영어 II 확률과 통계	독서 미적분 영어 독해와 작문	화법과 작문 미적분 영어 독해와 작문
탐구	통합사회	통합사회	사회 · 문화 생활과 윤리	정치와 법	윤리와 사상	윤리와 사상
	통합과학 과학탐구실험	통합과학 과학탐구실험	화학 I	생명과학 I	화학 II 생명과학 II	화학 II 생명과학 II
체육 · 예술	체육 음악 미술	체육 음악 미술	운동과 건강 미술 감상과 비평	운동과 건강 미술 감상과 비평	운동과 건강	운동과 건강
생활 · 교양			한문 I	독일어 I	심리학 독일어 II 보건	심리학 독일어 II 보건

이 분야의 직무를 수행하기 위해 필요한 것은 생물·화학적인 지식뿐만 아니라, 환자를 이해하고 배려하는 따뜻한 마음이다. 화학, 생명과학은 심화 수준까지 선택하고, 보건, 정치와 법, 사회·문화, 생활과 윤리, 심리학 등 인간에 대한 이해를 돕는 과목도 선택하였다.

자연 계열 ○○학과

과학 네 분야의 과목을 모두 배우고, 특히 관심이 있는 분야는 심화 수준까지 배울 수 있는 선택을 하였다. 수학도 충분히 배울 필요가 있으며 심리학이나 가정 과학도 자연과학과 연결되는 과목임을 고려하였다.

구분	1-1	1-2	2-1	2-2	3-1	3-2
기초	국어 수학 영어 한국사	국어 수학 영어 한국사	문학 수학 I 영어 I	언어와 매체 수학 II 영어 II 확률과 통계	독서 미적분 수학과제 탐구 영어 독해와 작문	화법과 작문 미적분 수학과제 탐구 영어 독해와 작문
탐구	통합사회 통합과학 과학탐구실험	통합사회 통합과학 과학탐구실험	생활과 윤리 화학 I 생명과학 I	 물리학 I 지구과학 I	 화학 II 생명과학 II 생활과 과학	 화학 II 생명과학 II 생활과 과학
체육·예술	체육 음악 미술	체육 음악 미술	운동과 건강 미술 감상과 비평	운동과 건강 미술 감상과 비평	운동과 건강	운동과 건강
생활·교양			한문 I	프랑스어 I	심리학 가정 과학	심리학 가정 과학

공학 계열 ○○학과

공대는 수학이 기본이다. 미적분, 기하까지 배울 필요가 있으며 영어도 놓치지 말아야 한다. 과학도 네 분야의 과목을 모두 배우고, 가능한 심화 수준까지 배울 수 있는 선택을 하였다.

구분	1-1	1-2	2-1	2-2	3-1	3-2
기초	국어 수학 영어 한국사	국어 수학 영어 한국사	문학 수학 I 영어 I	언어와 매체 수학 II 영어 II 확률과 통계	독서, 미적분 수학과제 탐구 영어 독해와 작문	화법과 작문 미적분, 기하 영어 독해와 작문
탐구	통합사회 통합과학 과학탐구실험	통합사회 통합과학 과학탐구실험	생활과 윤리 물리학 I 화학 I	 지구과학 I 생명과학 I	 물리학 II 화학 II 지구과학 II	 물리학 II 화학 II 지구과학 II
체육 · 예술	체육 음악 미술	체육 음악 미술	운동과 건강 미술 감상과 비평	운동과 건강 미술 감상과 비평	운동과 건강	운동과 건강
생활 · 교양			한문 I	일본어 I	환경 공학 일반	환경 공학 일반

예술 계열 ○○학과

구분	1-1	1-2	2-1	2-2	3-1	3-2
기초	국어 수학 영어 한국사	국어 수학 영어 한국사	문학 수학 I 영어 I	언어와 매체 수학 II 영어 II	독서 영어 회화	화법과 작문 영어 회화
탐구	통합사회 통합과학 과학탐구실험	통합사회 통합과학 과학탐구실험	사회 · 문화 생활과 과학	생활과 윤리 물리학 I	세계사 여행 지리	세계사 여행 지리
체육 · 예술	체육 음악 미술	체육 음악 미술	운동과 건강 미술 감상과 비평 음악 연주	운동과 건강 미술 감상과 비평 음악 이론	운동과 건강 음악사 시창 · 청음 음악 전공 실기	운동과 건강 음악사 시창 · 청음 음악 전공 실기
생활 · 교양			한문 I	프랑스어 I	가정 과학 심리학	가정 과학 심리학

음악에 관심이 많은 학생이라면, 고등학교 수준에서도 음악에 대해 더 배울 수 있고, 학교에서 개설되지 않았다면 집에서 가까운 음악거점학교를 활용할 수 있다. 다른 나라 음악에 관심이 있다면 그 나라 언어, 역사, 지리에도 대해 배울 수 있는 선택을 하는 것도 좋다.

안내하는 '학과 관련 고등학교 선택 과목'은 하나의 예시 자료이므로 학생의 희망과 진로 등을 고려하여 융통성 있게 적용하는 것이 바람직하다.

대학 진학을 목표로 하지 않는 경우

대학을 목표로 하지 않는다면 바로 취업을 하게 될 수도 있고, 일정 기간은 취업 준비를 하게 될 수도 있다. 고등학교 단계에서 익힐 수 있는 컴퓨터나 경영 관련 과목을 적극적으로 선택하여 공부해도 좋겠다. 그 외 관심 있는 분야, 잘 할 수 있는 과목, 심지어는 "이런 걸 어디에 써?" 하는 과목, 그 어떤 선택을 하더라도 열심히 공부하면 생각지도 못했던 곳에서 자신의 가치와 능력을 발견하게 되고, 앞으로 사회에 나가서 무엇에든지 도전해서 성취를 이룰 수 있는 힘을 기를 수 있게 될 것이다.

이과

01

건강 수호대 포스트 나이팅게일
간호학과

간호의 선구자 나이팅게일의 전기는
다들 한번씩 들어봤을 겁니다.
지금도 간호사가 되면 가장 먼저 나이팅게일의
희생정신을 잇겠다는 맹세를 합니다.
매년 수많은 포스트 나이팅게일을 내는
간호학과를 만나봅시다.

간호

간호 활동의 역사는 오래되었지만, 정작 간호학이 학문으로 정착한 건 100년 정도밖에 되지 않았습니다. 나이팅게일이 간호사로 활약한 크림전쟁 무렵까지도 병원을 보는 인식이 좋지 않았거든요. 병원은 이 세상 모든 세균의 소굴이었습니다. 간호 활동 대부분이 가정이나 교회에서 이루어졌고, 노하우조차 없었던 터라 병원 간호사는 가장 천대받는 직업에 속했습니다.

간호사라는 직업의 품격을 올리고 간호학이란 학문을 발전시킨 이는 나이팅게일입니다. 나이팅게일은 전장보다 병원에서 죽는 사람이 더 많다는 걸 깨달은 이후, 병원 위생과 영양 공급 등 병원 내 환자의 건강 회복에 필요한 최적의 여건을 조성했습니다.

국내의 경우 개화기 서양 선교사가 간호사란 직업을 처음 알렸습니다. 1955년 4년제 대학에 첫 간호학과가 개설됐고, 서비스 쪽에만 치우쳤던 간호 활동도 의학, 과학 등의 배경지식이 더해지며 발달했습니다. 간호 범위는 환자의 쾌유를 돕는 일부터 질병 예방, 최적의 건강 유지까지 다양합니다. 또 연령대나 성별, 직업별로 걸리기 쉬운 질병도 달라지는데 간호나 예방법도 여기에 맞춰 조금씩 달라지겠죠?

4년간 간호학 이론 학습에 더해 3학년부터 시작되는 병원 실습을 마치면, 졸업과 동시에 간호사 국가고시에 응시하게 됩니다. 이 시험을 통과해야 간호사로 활동할 수 있는 면허를 얻게 됩니다.

간혹 환자나 의료진 중 간호사를 의사의 단순 보조로 오해하는 경우도 있는데, 법이 정하는 간호 업무에는 의사의 보조 역할도 포함되나 전부는 아닙니다. 간호학이 의학의 하위 영역이 아닌 독립적인 영역인 것처럼, 간호사의 지위도 독자적 의료 전문

직입니다. 간호사 중 전문 간호사는 의사와 거의 동등한 수준의 의료 활동을 펼칠 수도 있습니다.

불경기에도 취업 걱정이 필요 없는 직업이고, 병원 외에도 학교, 관공서, 기업 등 많은 곳에서 보건 전문가를 필요로 합니다. 그런데 사람의 생명을 대하다 보니 기본 업무 강도가 높을 수밖에 없는데 체력은 물론 정신적으로도 많은 에너지가 소요됩니다. 무엇보다 중요한 건 환자나 보호자, 동료 간호사 및 의료진과의 의사소통 능력이지요.

점차 복지에 관심이 높아지는 만큼, 간호사의 손길이 필요한 곳도 많아지고 있습니다. 그들을 필요로 하는 만큼 의사보다 먼저 환자를 만나는 그들의 가치도 존중받아야 합니다.

부속 병원을 보고 선택하세요

가톨릭대학교 간호대학 15학번 **모수연**

방학이 다가오는데 특별한 계획이 있나요?

라오스로 국제봉사활동을 가게 되었어요. 그곳 초등학생에게 보건교육을 할 예정이에요. 봉사활동 준비와 아르바이트로 한창 바쁜 시간을 보내고 있답니다. 정말 기대돼요.

무더위에도 쉴 틈이 없겠네요! 3학년이면 실습으로도 바빴을 텐데.

내과병동, 외과병동, 수술실, 응급실 이렇게 네 곳에서 실습했어요. 간호사 선생님을 따라다니면서 근무를 지켜봤죠. 오래 서 있어서 다리도 아프고, 출근 시간이 빨라 힘들었어요. 그래도 실제 환자를 마주하니까 피곤한 것보다 긴장이 되더라고요.

응급실에서 본 소아환자 심폐소생술이 기억나요. 참관만 했지만 모형으로 심폐소생술을 연습할 때와 다르게 생명이 오가는 긴박한 상황을 직접 마주하니 경각심이 생기더라고요. 실습 기간을 거치며 초심으로 돌아갈 수 있었어요. 그동안 밤새워 공부한 것도 도움이 돼 더욱 뿌듯했고요.

병원이나 학과 분위기는 어떤가요? 군기문화가 심하다는 소문을 들었어요.

입학 전에 저도 그런 소문을 들은 적이 있어요. 학교생활은 자유롭고 선후배 관계도 좋아요. 여느 대학 여느 과와 마찬가지로요. 어디에서나 지켜야 할 기본예절만 갖추고 있다면 문제될 건 없어요.

언제부터 간호사를 꿈꾸었나요?

고3 때 담임선생님이 제게 간호사가 잘 어울릴 것 같다고 했어요. 한번도 생각해 본 적 없었는데 그 말을 들으니까 호기심이 생기더라고요. 취업도 안정적이고 전문 직업인이 될 수 있다는 데 끌렸어요.

가톨릭대의 매력은?

간호학과는 학교보다 부속병원을 보고 선택하라는 선배의 조언이 있었어요. 가톨릭대는 부속병원이 가장 많은 걸로 유명하죠. 국내 '빅 5'에 드는 서울성모병원을 포함해 총 여덟 곳의 병원이 있어요. 학생 모두 해부실습을 참관할 수 있고, 수간호사 선생님 대부분이 본교 출신이라 분위기도 편안해요. 장학금 혜택도 많고요. 간호실습센터가 최근 리모델링 돼서 쾌적하게 실기 공부를 할 수 있다는 것도 마음에 들어요.

대부분 병원 간호사가 되죠?

근무지로 병원을 많이 선택해요. 수업도 병원 임상간호 위주로 커리큘럼이 짜여 있고요. 하지만 간호사가 필요한 곳은 병원만이 아니에요. 국제기구에서 간호전문가로 활동할 수 있고, 학교 보건교사, 기업 소속 간호사로 산업현장에서도 일할 수 있어요. 전문간호사로 일하기도 하고. 길이 다양해요. 4년 동안 어떤 길이 있는지, 그 분야의 특성은 무엇인지 배우게 될 거예요.

학생의 꿈은 항공 간호사죠? 어떤 일을 하나요?

항공사 직원의 건강을 돌보는 게 주 업무예요. 병원에서 중증도가 높은 환자들을 간호하는 것도 보람 있지만, 건강하고 행복한 여행을 돕는 일도 좋을 것 같아 선택했어요. 실습하면서 수술실 간호사의 매력에 끌렸지만요. 해부학 지식을 이용할 수 있는 얼마 안 되는 곳이거든요.

어떤 과목을 배우나요?

기본간호학을 먼저 배우는데요, 기본간호학은 임상간호의 시작인 무균술부터 정맥주사, 도뇨오줌을 뽑아내는 일 같은 고난도 실기까지 배워요. 그 외에 성인간호학, 아동간호학, 노인간호학, 정신질환 대상의 정신건강간호학, 임신과 출산, 여성질환을 배우는 여성건강간호학 등이 있죠. 지역사회간호학, 간호통계 같은 과목도 있어요. 화학, 생물학, 해부학, 병리학, 약리학, 임상영양학, 진단검사의학도 함께 배워요. 전부 기초과목이에요.

왠지 자연계 출신에게 유리할 것 같아요.

1학년 과정에 생물, 화학 과목이 있어 자연계에 유리해요. 저는 인문계 출신인데 아무리 공부해도 점수가 오르지 않았죠. 이런 차이는 학년이 올라갈수록 줄어들어요. 이름에 '간호'가 붙는 과목은 계열과 상관없이 노력에 따라 점수가 나오거든요.

선생님이 간호사를 추천한 이유는 뭘까요? 어떤 학생이 간호사에 어울리는지 궁금해요.

이론공부가 맞는 사람도 있고 실습이 체질인 사람도 있어서 단정하기 어렵네요. 저도 실습을 하기 전까진 성적도 안 좋고 흥미도 떨어져 이게 내 길이 맞는지 수없이 의문이 들었어요. 하지만 현장에 나가보니 다른 친구보다 의사소통 능력이 뛰어나단 걸 깨달았어요. 평소 아르바이트 경험이 많아서인지는 몰라도, 환자나 보호자의 요구를 간호사나 의사에게 정확히 전달할 수 있었어요. 간호수행도 좋았고요. 아마 선생님도 저의 이런 면을 본 건 아닐까요?

현장의 간호사 선생님을 보며 사명감이나 봉사정신만으로는 간호사 일을 하는 게 아니라고 느꼈어요. 끊임없이 공부해야 하는 건 물론 환자나 보호자, 함께 일하는 의료진과도 좋은 관계를 유지해야 하거든요. 대외활동이나 아르바이트 같은 사회경험도 실습에 도움이 될 거예요.

수시 논술우수자 전형으로 입학했어요. 준비는 어떻게 했어요?

본격적인 논술 준비는 학원을 다니며 시작했어요. 수시 일정이 수능 뒤에 모여 있어 수능 전까지는 지원 대학 기출문제를 2주에 한두 개 정도 작성하며 준비했고, 수능 후 약 일주일 동안은 정말 하루 종일 기출문제를 풀었어요.

다양한 문제를 두루두루 섭렵하기보다는 기출문제 하나를 마스터한다는 느낌으로 여러 번, 많게는 여덟 번까지도 써봤죠. 수시 6개 모두 논술전형, 간호학과로 지원했는데, 가톨릭대 외 국군간호사관학교에도 합격했어요.

가톨릭대 논술전형은 학생부 반영비율도 50%나 되던데.

내신이 3점대 초반이라 학생부 비중 때문에 불안했죠. 나중에 알게 된 건데, 가톨릭대는 내신점수를 환산하면 4, 5등급까지는 1등급과 점수 차이가 생각만큼 크지 않아 충분히 논술로 뒤집을 수 있다고 들었어요. 만약 글쓰기에 자신이 있다면 내신 때문에 망설이지 말고 원하는 대학 논술 전형을 지원해 보세요!

글쓰기에 자신 있다니 정말 부러워요. 저도 그 능력을 조금만 나눠 받고 싶네요. 수능 최저기준도 만만치 않았는데.

수능 최저기준이 2개 영역 평균 2등급이었는데, 수학이 취약해 2등급에 못 미칠 걸 대비하는 차원으로 국어, 영어에 집중해서 최저기준을 맞췄어요. 국어는 3월부터 수능 직전까지 매일 아침 7년치 기출문제를 꼬박꼬박 풀었는데, 월요일은 비문학, 화요일은 문학, 수요일은 문법, 이런 식으로 지루해지지 않게 매일 영역을 바꿨죠. 영어는 좋아하고 자신 있는 과목이라 준비가 어렵지 않았어요. 수능 영어의 EBS 교재 지문 연계율이 높아 아예 EBS 교재만 공부하는 친구들이 많았는데, 전 풀어봤던 문제가 수능에서 변형되면 헷갈릴까봐 일부러 EBS 교재를 안 봤어요.

미래의 후배들에게 응원 한마디 부탁드려요.

더우나 추우나 공부하느라 고생이 많죠? 수험생 시절을 돌이켜보면 힘든 시기였어요. 그래도 끝까지 버티면 꿈꾸던 대학생활이 기다리고 있으니 조금만 더 힘내시고요! 전 공부하다 지칠 때는 대학생이 되면 하고 싶은 것들을 쭉 적어보며 마음을 가다듬고는 했어요. 이중 지금까지 대략 80%는 이룬 것 같은데 그래도 아쉬움이 많이 남네요. 여러분도 하고 싶은 일을 이루시길 바랍니다. 마지막까지 자신을 믿고 최선을 다한다면 당연히 좋은 결과가 있을 거예요. 응원합니다!

전국 4년제 대학의 간호학과

간호학과는 필요로 하는 곳이 많은 만큼 대부분의 학교에 학과와 대학으로 개설되어 있습니다.

서울 가톨릭대(간호대학), 경희대(간호과학대학), 고려대(간호대학), 삼육대, 서울대(간호대학), 성신여대(간호대학), 연세대, 이화여대(간호대학), 중앙대(적십자간호대학), 케이씨대, 한국성서대, 한양대(간호학부)

인천 · 경기 가천대(간호대학), 대진대, 수원대, 신경대, 신한대, 아주대(간호대학), 인천가톨릭대, 인하대, 차의과학대(간호대학), 평택대, 한세대

강원 가톨릭관동대, 강릉원주대, 강원대, 경동대(간호학부), 상지대, 연세대, 한림대(간호학부)

대전 · 충청 · 세종 건국대, 건양대(간호대학), 공주대, 극동대, 꽃동네대, 나사렛대, 남서울대, 단국대(간호대학), 대전대, 배재대, 백석대, 상명대, 선문대, 세명대, 순천향대, 우송대, 유원대, 을지대(간호대학), 중부대, 중원대, 청운대, 청주대, 충남대(간호대학), 충북대, 한국교통대, 한남대, 한서대, 호서대

대구 · 부산 · 경상 가야대, 경남과학기술대, 경남대, 경북대(간호대학), 경상대(간호대학), 경성대, 경운대, 경일대(간호대학), 경주대, 계명대(간호대학), 고신대(간호대학), 김천대, 대구가톨릭대(간호대학), 대구대, 대구한의대, 동국대, 동명대, 동서대, 동아대, 동양대, 동의대, 부경대, 부산가톨릭대(간호대학), 부산대(간호대학), 신라대, 안동대, 영산대, 울산대, 위덕대, 인제대, 창신대, 창원대, 한국국제대

광주 · 전라 광주대, 광주여대, 군산대, 남부대, 동신대, 목포가톨릭대, 목포대, 세한대, 송원대, 순천대, 예수대(간호학부), 우석대, 원광대, 전남대(간호대학), 전북대(간호대학), 전주대, 조선대, 초당대, 한려대, 한일장신대, 호남대, 호원대

제주 제주대(간호대학)

02

궁극의 공학
기계공학과

컴퓨터, 핸드폰, 에어컨, 세탁기, 자동차 등….
우리 생활에 필요한 기계는 수없이 많습니다.
인간이 도구를 만들기 시작했을 때부터
기계의 역사가 시작되었기 때문이죠.
많은 기계가 특정 에너지원으로 움직이며,
손으로 하면 복잡한 일을 버튼 몇 번에 끝내도록
만들어집니다. 놀랍게도 그 기본 원리는
'물체에 힘을 가하면 움직인다'는 단순한 명제.
이 간단한 사실에서 출발한 기계공학과를 알아봅시다.

기계

공학과에서 다루는 게 '기계'만이라 생각하기 쉽습니다. 물론 주로 기계 본체의 작동 원리를 연구하고 설계하지만, 실제 연구 대상이 우리가 생각하는 기계만은 아닙니다. 원래 '기계공학Mechanical engineering'의 'mechanical'은 '역학의'라는 뜻입니다. 어떤 사물이나 현상의 작동 원리를 '메커니즘'이라고 하죠? 모든 일상 속 사물 중 힘과 에너지의 원리에서 벗어난 물건은 없습니다.

이 때문에 기계공학이 다루는 사물의 범위는 물론 학문의 범위도 정말 넓습니다. 항공우주공학, 자동차공학, 철도공학, 해양조선공학 등으로 나뉘기도 하며, 소프트웨어와 융합한 기계시스템공학과, 기계 설비에 더 중점을 둔 기계설비공학 등도 따로 있습니다. 화학공학, 전자공학, 재료공학 등 모든 공학의 아버지이기도 합니다.

공학의 기본은 물리의 역학입니다. 역학은 다시 고체/동역학, 열역학, 유체역학, 재료역학의 네 가지로 세분화되는데, 서로 성질이 달라도 '힘과 에너지'를 가진 건 같으므로 이 네 가지 영역을 모두 알아야 합니다. 다 잘할 필요까지는 없지만, 워낙 학과 공부량이 많기 때문에 최소한 고등학교 물리 과정의 '힘과 에너지' 부분을 숙지해야 합니다. 힘과 에너지 분야에는 각종 수학 공식도 빠질 순 없습니다. 자연히 수학도 따라붙게 되니 그야말로 '이과를 위한' 학과 같죠?

기계는 산업과 항상 긴밀한 관계에 놓여 있으므로 기계공학과의 역할은 무궁무진합니다. 때로는 기계의 진화가 산업의 흐름 변화를 이끌어내기도 하죠. 200여 년 전 대량생산 기계의 공장 도입으로 산업혁명을 이뤄냈다면, 지금은 인공지능과 로봇의 놀라운 발전으로 산업의 모든 공정과 정보기술을 융합하는 '4차 산업혁명'을 눈앞에 두고 있다고들 합니다. 이 4차 산업혁명에서는 기계의 진화는 물론이고 서로 다른 기계 간 장벽도 허물어진다고 합니다. 왠지 아이언맨 슈트도 가까운 시일 내에 현실화될 수 있다는 예감이 듭니다.

등록금도 면제랍니다

포항공과대학교 기계공학과 14학번 **윤진혁**

기계공학과 지원 이유는?

암기 위주의 과목보다는 이해를 위주로 공부하는 공과계열 과목에 관심이 많았어요. 그러다 보니 고등학교 물리의 역학문제를 푸는 게 즐거웠고요. 물리학에 뛰어난 재능을 타고난 건 아니었지만, 고민하고 배워가며 문제를 푸는 과정이 매력적이었어요. 처음에는 컴퓨터 프로그래밍에도 관심 있어 컴퓨터공학과와 기계공학과를 사이에 두고 고민도 했죠. 그러다 기계공학이 프로그래밍에도 도움 된다는 선생님의 조언을 듣고 기계공학과로 지원했어요.

기계공학은 여러 분야를 다루는데 학생의 관심 분야는 무엇인가요?

제어, 로보틱스Robotics, 로봇의 물리적인 모습을 구성하는 기계적, 전기적 장치 분야에 관심을 두고 있어요. 어렸을 때부터 프로그래밍을 좋아했고, '스스로 움직이는 무언가'를 만드는 게 즐거웠어요. 움직이는 걸 만들면서 설계 · 생산공학, 열유체 · 에너지, 생체기계공학 등 다양한 역학 분야에서 고민하는 재미도 있었고요. 덕분에 대학에 들어온 뒤에도 팀원들과 함께 한국지능로봇경진대회 본선에 진출하기도 했는데, 앞으로도 더욱 다양한 경험을 쌓아가며 이 분야를 파고들려 해요.

포항공대를 선택한 이유는? 다른 학교에도 합격했었나요?

아쉽게도 내신 성적이 그렇게 좋은 편이 아니라서 다른 대학에는 합격하지 못했어요. 하지만 항상 저 자신에게는 '이야기'가 있다고 생각했어요. 성적이 만족스럽지는 않지만, 뛰어난 친구들 사이에서 끊임없이 노력하여 얻어낸 작은 성공들에 대해 저 스스로 자신감을 가지려 많이 노력했고요. 분명 그 노력과 자신감, 경험 덕에 합격이라는 소중한 기회를 얻을 수 있었다고 생각해요.

훌륭한 학업 성취를 낸 학생을 마다할 대학은 없겠죠. 하지만 포항공대는 성적으로만 설명할 수 없는 학생의 잠재력을 높이 산다고 생각해요. 이 학교는 제 최고의 선택이라고 생각해요. 만약 다른 대학으로의 입학 기회가 주어졌더라도, 지금의 학교를 선택했을 거예요!

포항공대 기계공학과의 자랑은?

등록금 얘기를 빼놓을 수 없죠. 입학할 땐 등록금 전액 면제, 이후에도 일정 성적만 만족한다면 등록금을 전액 면제받을 수 있어요. 매해 신입생을 전체 300명 정도만 선발하므로, 학생 한 명이 받을 수 있는 혜택이 많아요. 단기유학을 가는 학생도 학점교류, 장학금 등의 지원을 받을 수 있을 정도로요. 선후배 간 전공과목 멘토링 등 지식 나눔도 활발하고요.

또한 여러 분야의 훌륭한 교수님들이 연구를 활발하게 진행하고 계세요. 또 대학원 진학을 원하는 학부생들이 대학원의 연구를 미리 체험할 수 있도록 URPUndergraduate Research Program, 연구참여와 같은 다양한 프로그램을 운영하고 있어요. 또 SESSummer Experience in Society라는 이름의 인턴제도를 통해 포스코, 두산 등에서 기업 실무활동도 경험할 수 있어요.

또 과별 대항 체육대회, 자발적 학과 홍보조직 GRIME, 국내 유명 기업 산업체 견학, 학과 학생과 교수님들 간 만찬 행사 등 학과 내 여러 모임도 대학 생활을 더욱 풍요롭게 만들어 주고요. 무엇보다 학부생의 입장에서 가장 피부에 와 닿는 점은, 적은 인원수에서 오는 가족 같은 끈끈함이라 생각해요.

가족 같은 끈끈함이라니, 학과 분위기가 정말 좋겠네요.

한 학년 당 40명 정돈데, 고등학교 친구들보다 가깝지 않나 싶네요. 재치와 유머를 겸비한 친구들도 많고요. 과제와 시험이 만만치 않은데, 동기들과 함께 공부하고 서로 도움을 주고받으며 해결해 나가는 과정에서 많이 가까워졌어요. 놀 때는 신나게 노는 친구들이라 교내 행사 참여도 활발해요. 또 선배들이 후배들에게 밥을 사주거나 전공 서적을 빌려주는 등 잘 챙겨주는 문화가 형성되어 있어 선후배간의 사이도 돈독한 편이에요.

포항공대는 학생 대부분이 기숙사에서 생활한다는데, 기숙사는 어때요?

2학년까지는 의무적으로 기숙사에서 지내야 해요. 3학년부터는 자취도 가능하지만 대부분 기숙사에 머무르며, 각자 원하는 동수로 기숙사를 신청할 수 있어요. 2학년 때까지 지내는 기숙사를 RCResidential Collage라고 하여, 3학년 이상의 학생으로 구성된 RAResidential Assistant와 지도교수님의 도움 아래 기숙사에서 생활하게 돼요. 학교에서는 다양한 학과와 지역에 맞춰 고등학교의 반처럼 분반을 배정해주는데, 보통 분반별 2인 1실로 방이 배정되어 생활하고 여러 기초필수과목도 같이 수강해요. 룸메이트와의 분위기도 좋고 조리, 운동 기구 등 생활에 필요한 시설들이 깔끔하게 갖춰져 있어 불편이 거의 없었어요. 현재 더 쾌적한 기숙사 환경을 위해 리모델링이 진행되고 있고, 절반 이상이 이미 완성된 상태예요.

팀 과제가 많다고 하던데 수업이 어렵진 않나요?

사실 팀 과제가 많은 편은 아녜요. 졸업설계인 '시스템 설계' 과목을 제외하면, 대부분 개인별 과제로 주어지거든요. 전공수업은 영어로 진행하는 경우가 대부분이고, 교재도 모두 영어 원서를 사용해요. 처음에는 언어 때문에 따라가기 어려워하는 학생들도 있지만, 모두들 포기하지 않고 노력해서 결국 다들 잘 소화해 내더라고요.

확실히 전공 수업은 쉽지 않아요. 전공 필수과목이 가장 많은 학과라 배울 내용도 많고 난이도도 있죠. 그래도 학생들 모두가 각자의 방식으로, 또 서로 도와가며 학업의 어려움을 극복하고 있어요.

어떤 적성의 학생이 기계공학과를 선택하면 좋을까요?

단순히 로봇이나 기계를 좋아하는 것보다는, 고등학교 과정 물리의 역학문제들을 즐겁게 풀 수 있는지가 중요하다 생각해요. 기계공학은 역학 개념과 법칙들을 논리에 맞춰 전개해나가며 주어진 문제를 해결하는 게 주된 목표거든요. 물론 문제 풀이에 능숙하지 않더라도 역학 개념과 법칙, 그리고 논리에 맞춰 문제를 해결하는 과정 자체를 즐기는 학생도 이 학과에 적합하다고 생각해요.

학생부종합전형으로 입학했는데, 가장 신경 쓴 점은?

자기소개서요. 무엇보다도 '저만의 이야기'를 만들려고 노력했어요. 우선 고교시절에 한 다양한 활동을 제가 스스로 했다는 점을 강조했어요. 또 아무리 사소한 활동이라도 어떤 점을 느꼈고, 그때의 생각이나 교훈 등이 이후 제게 어떤 변화를 가져다줬는지를 설명하려 했죠. 여기에 덧붙여 학업과 여러 활동을 통해 작지만 소중한 성취를 이루기 위해 노력했고, 이러한 노력을 대학에서 이어가서 앞으로도 많은 경험과 함께 성장해 나가고 싶다는 식으로 완성했어요.

자기소개서엔 어떤 내용을 담았나요?

사실 일반고 출신이고, 다른 동기들과 당당히 견줄 만큼 특별한 건 없었던 거 같아요. 교내 수학동아리에서 대학 개최 수학축전 참여 등의 활동을 했었어요. 또 교내 물리동아리에서도 활동했고 교내 물리경시대회에서 우수상을 탔어요. 조금 특별한 게 있다면 영어와 관련된 활동이 많다는 것 정도? 영어에 관심이 많아 교내영어프레젠테이션, 교내영어경시대회 최우수상을 수상한 적 있고, 한미교육위원단 출판 잡지 〈Infusion〉에 원어민 선생님과 함께 에세이를 기고하기도 했어요. 자기소개서를 작성할 때는 활동의 결과보다는 각각의 활동에서 어떤 경험을 했는지, 또 느낀 점은 무엇인지에 중점을 두었어요.

고교 내신 성적은 대략 어느 정도였나요?

전체 성적 평균은 대략 1점 중반대였습니다.

미래의 후배들에게 한마디?

과외나 멘토링을 할 때 후배 학생들에게 항상 말해주는 게 있는데, 그건 '대학이 모든 것을 결정하지 않는다'는 말이에요. 대학 입학 후, 전 대학 간판이 아닌 자신의 이름 석 자와 실력만으로 멋있게 사시는 분들을 많이 만났어요. 그분들은 모두, 바로 주어진 것들에 최선을 다하고 나아가 자신이 좋아하는 것, 잘할 수 있는 일을 끊임없이 찾고 계셨어요.

물론 좋은 대학에 입학하면 성공할 기회를 더 많이 만날 수 있지만, 그건 오로지 '가능성'일 뿐이잖아요. 그래서 좋은 대학을 가는 것보다 중요한 건 여러분들의 눈앞에 주어진 것들에 최선을 다하는 거라고 생각해요. 제 경험상 좋은 성적을 얻고 좋은 대학에 입학하기 위해선, 성적이란 '결과'가 아닌 자신의 노력과 중간의 결과들을 고민하고 되묻는 '과정'에 오롯이 집중해야 하더라고요. 결과가 아닌 과정에 목표를 맞추니 입시에 대한 중압감도 조금 줄더라고요. 그래서 저는 여러분께서도 성적이나 대학보다는 최선을 다하는 것에 목표를 집중해 만족스러운 결과들을 얻으셨으면 좋겠어요.

전국 4년제 대학의 기계공학부/기계공학과

기계공학은 공학의 원조인 만큼 대부분 대학에 개설되어 있고, 학부/학과의 세분화나 응용도 다양합니다. 기계공학에 결합하는 종목에 따라 학부/학과 명칭도 달라지지만, 결국 모두 기계공학을 공부할 수 있는 곳입니다.

기계공학
학부 건국대, 경남대, 경북대, 경상대, 고려대, 대구대(기계공학전공), 부산대, 성균관대, 아주대, 연세대, 영남대, 중앙대, 창원대, 충남대, 충북대, 한국기술교육대, 한국해양대, 한양대
학과 가천대, 강원대, 건양대(융합기계공학과), 경남과기대, 경희대(국제), 금오공대, 단국대, 동명대, 동아대, 동의대, 명지대, 목포대, 부경대, 서강대, 세종대, 순천향대, 숭실대, 안동대, 인천대, 인하대, 전남대, 제주대, 조선대, 포항공대, 한경대, 한국과학기술원, 한국교통대, 한국산업기술대, 한남대, 한밭대, 한양대(ERICA), 호서대

항공기계공학 (기계공학+항공)
학부 서울대, 순천대, 한국항공대

기계시스템공학 (기계공학+SW)
학부 국민대
학과 경기대, 금오공대, 부경대, 서울과기대, 한성대, 홍익대

기계자동차공학 (기계공학+자동차)
학부 공주대, 군산대, 대구가톨릭대, 원광대, 인제대(전자IT기계자동차공학부), 전남대, 한라대
학과 강릉원주대, 계명대, 서울과기대

기계설비공학
학부 대구대
학과 금오공대, 서울과기대, 한국교통대(항공ㆍ기계설계학과)

그 외 울산대(기계 및 원자력공학부), 조선대(기계시스템미래자동차공학부), 한동대(기계제어공학부)

03

하늘의 표정
대기과학과

우리는 일기예보로 오늘 하루는 물론
한 주간의 날씨를 미리 알 수 있습니다.
보기엔 이렇게 간단한 일기예보.
그러나 만드는 과정은 복잡합니다.
날씨는 지구를 둘러싼 공기,
즉 대기 움직임의 결과입니다.
대기를 움직이는 요소들은 정말 많은 데다
서로 복잡하게 얽혀 있습니다.
이 대기의 움직임을 파악하기 위해
공부하는 곳이 대기과학과입니다.

겨울을 떠올려 볼까요. 똑같은 추위라도 1~2도 차이로 외투 두께부터 난방 여부까지 많은 게 바뀌죠. 그만큼 우리 생활은 날씨의 영향에 민감합니다. 동서고금을 막론하고 날씨는 우리 삶과 밀접하게 관련되어 있으며, 지금도 농업 등 1차 산업에선 날씨의 영향력이 절대적이지요. 주로 농사를 짓고 살던 옛날에는 날씨가 그 해의 밥상을 좌우했던 만큼 국가의 중대 사안이었죠.

날씨 연구의 발전 역사는 천문학과 궤를 같이합니다. 천문학자들은 기상 현상이 천체 운동의 결과라 생각했고, 직접 눈으로 하늘을 보고 날씨를 관측했습니다. 우리나라 역시 날씨 관측의 역사가 깁니다. 현재의 기상청처럼 날씨를 과학적으로 관측, 기록하는 관청이 있었고 그림자 길이, 강수량 등 다양한 수단을 사용했어요.

지구의 움직임을 알게 되면서 천문학은 물론 기상 연구도 전환점을 맞습니다. 천문학자들은 기상 현상을 만드는 중요 원인이 공기의 무게로 생기는 압력, 즉 '기압'임을 발견합니다. 기압 차이로 공기의 이동 방향이 달라지고, 공기 중 수증기, 열 등의 움직임도 달라집니다. 때문에 고기압일 때는 주로 맑은 날씨가 나타나고, 저기압에서는 흐리고 비 또는 눈이 내리지요.

대기과학의 주 관심사는 기압입니다. 학과에서는 주로 대기 구조와 운동을 배웁니다. 물체의 운동이란 물리의 주요 영역이므로 대기과학은 물리학과도 밀접하지요. 또 물리는 필연적으로 수학과 같이 다닙니다. 계산은 주로 컴퓨터로 처리하지만 수학적 지식이 있어야 계산이 맞는 줄 알죠. 컴퓨터공학 지식도 필요하지요. 학부 과정의 대기과학 지식은 대기현상을 설명하는 수준이고, 날씨를 예측할 정도가 되려면 공부를 더 해야 한다고 하네요.

　대기과학은 많은 발전을 이뤄왔지만, 일기예보가 언제나 맞는 건 아닙니다. 어디까지나 어떤 날씨가 나타날 수 있는 '가능성'을 알려줄 뿐이지요. 언제 어떤 요소가 대기에 영향을 줄지 모릅니다. 날씨는 자연 현상이라 인간의 힘으로 막기는 어렵지만, 가능성을 알면 대비할 수 있죠. 하늘의 표정 변화를 관측해 날씨의 변화를 예측하고 그 원인을 알아내는 것. 대기과학과에서 공부하는 내용입니다.

일기현상이 왜 일어났는지
역학적 원인을 분석해요

공주대학교 대기과학과 15학번 **안영준**

새해에 하고 싶은 일이 있다면?

이제 4학년이 되어서 졸업 논문 발표를 해야 해요. 준비를 잘 해서 완성도 높은 논문을 내는 게 목표예요. 그리고 학과 내 컴퓨터 동아리의 회장이 되는데, 1년간 동아리를 순탄하게 운영해보고 싶어요.

어떻게 대기과학과에 오게 되었어요?

고등학생 때 인문계열이라 지리에 관심이 많았는데, 그러다 보니 자연스레 기후에도 관심을 갖게 됐어요. 수도권 대학의 지리학과를 목표로 했지만, 제 수능 성적으로는 진학이 어려웠죠. 낙심하던 차에 담임선생님이 대기과학과를 소개해 주었어요. 공주대는 비교적 가깝고 국립대라 학비 부담도 덜해서 좋아요. 희소성 있는 학과라는 자부심도 있고요.

전공이 마음에 든다니 기분 좋네요. 대기과학과에서는 어떤 걸 배우나요?

대기과학과에서는 대기에서 일어나는 여러 현상의 원인, 그리고 그 원리를 밝혀요. 1학년 때는 본격적인 전공 공부를 시작하기 전, 기초를 다지며 흥미를 돋우는 시간이에요. 그래서 대기과학의 기초인 관측에 대해 배워요. 또 기초 수식부터 운동방정식 같은 물리 수식들도 간략하게 배우죠. 2학년 때는 대기오염이나 복사학 등 대기 내부에서 일어나는 물리적 · 열역학적 변화를 공부해요. 이론뿐만 아니라 분석 방법도 배워요. 수리물리학에서는 물리학에 활용되는 수학적 기법을, 전산대기과학에서는 컴퓨터로 데이터를 계산해 그래픽을 만들고 분석하는 방법을 익히죠.

본격적으로 깊이 있게 전공 공부를 하는 건 3학년 때부터예요. 일기현상이 왜 일어났는지 역학^{曆學}적 원인을 분석하기 시작하죠. 대기역학의 기반이 되는 내용을 배우고, 일기예보에 필요한 기초적인 지식을 쌓고 사례를 분석하는 등 보다 구체적인 내용을 다뤄요. 예를 들어 구름 내부의 강수 형성 과정, 레이더나 위성 등 전문적인 관측 방법을 3학년 때 공부해요. 유체역학액체 따위의 유체의 운동을 연구하는 학문을 통해 대기역학을 더욱 자세히 공부할 수도 있어요. 4학년이 되면 유체역학 수업과 함께 예보 부분을 보다 깊게 공부하면서 기상기사 실기시험을 준비하고, '수치모델링' 수업을 통해 모델분석기법을 배웁니다.

확실히 물리 관련 수업이 많네요.

대기에서의 물리 · 화학적 변화를 보는 전공이니, 당연히 물리나 역학에 대한 지식이 필요하죠. 물리는 수학을 기반으로 하니 수학 공부도 기본이 돼 있어야 해요. 그래서 지구과학에서 파생된 학문 내지는 '암기과목'이라고 생각한 친구들이 초반에 힘들어해요. 하지만 주로 컴퓨터를 이용해 수학 계산을 하기 때문에 수식을 이해하고 활용할 줄 아는 게 중요해요.

1학년 때 수리대기과학이라는 과목을 수강하는데, 고등학교 과정의 수학을 다시 공부하게 돼요. 교차지원이 가능한 학과라 인문계열 출신 학생이 많거든요. 이 수업으로 수학을 공부한 뒤, 수리물리학이나 대기역학개론을 수강하면서 역학에 관심이 많이 생겼어요.

전공수업 중 '관측'과 '실험' 과목이 많네요.

관측 수업에서는 관측 기법이나 관련 도구 사용법, 기상현상을 자료화하는 과정을 배워요.

실험은 두 가지로 나뉘어요. 하나는 추상적인 개념을 컴퓨터 그래픽으로 표현하는 거예요. 예를 들어 '저기압과 고기압이 있을 때 상승기류와 하강기류가 나타난다'는 개념을 전산 모델링을 통해 컴퓨터 그래픽으로 시각화하는 거죠. 다른 하나는 관측 자료값을 활용해 일기도를 그리거나 기상현상의 원인을 분석하는 거예요.

3학년 때 전산 프로그램으로 상층500hPa 기압골양쪽의 고기압 사이에, 상대적으로 기압이 낮은 영역이 계곡 형태로 길게 뻗은 부분 전면에서의 상승기류를 그래픽으로 구현했던 게 가장 기억에 남아요.

대기과학과에서는 컴퓨터도 많이 활용한다고 들었어요.

대기과학은 유체액체와 기체를 다루는 과목이고 유체는 변동성이 커요. 변동성을 일일히 계산하기엔 무리라 전산 처리에 의존하기 때문에 컴퓨터 활용이 많아요. 대기과학 분석에 특화된 자료를 많이 쓰고, 전 지구적 범위로 계산하다 보니 계산에 특화된 프로그램 포트란Fortran을 주로 사용해요. 포트란으로 처리한 자료를 시각화하고 분석하는 것도 중요해서 그래픽 툴인 그라즈GRADS나, 계산과 그래픽 툴이 합쳐진 NCLNCAR

Command Line 역시 많이 활용해요. 역학 수업에서는 분석한 내용을 그래픽으로 구현하기 위해 매트랩MatLab, 수치 해석 및 결과의 시각화 기능을 제공하는 공학용 프로그래밍 언어이라는 언어도 사용해요. 대학원에 가면 연구 분야 특성에 따라 더 다양한 언어들을 활용하게 되지요.

과제는 어떤 것들이 있는지 궁금하네요.

수학계산의 중요도가 높지 않다고 했지만, 아예 안 하는 건 아니에요 ^^; 컴퓨터 계산이 맞는지 확인하려면 손으로 검산해 봐야 하니까요. 수학 수업에선 연습문제 풀이 과제가 나오는데, 2학년 때 가장 공을 들여야 하는 과제예요. 3학년 때는 예보 과목의 일기도를 그리거나 분석서를 작성하고, 전산수업에선 그림을 그려오는 코드를 짜는 과제도 있어요. 주로 해당 과목에 필요한 실습 위주 과제들이지요.

기후학 수업에는 조별과제가 있는데 기후 관련 논문을 읽고 발표하고 소논문을 작성해요. 꽤 어려운 과제지만 논문 작성 양식이나 연구 발상, 연구 방법 등을 미리 경험할 수 있어 4학년 때 논문 작성에 큰 도움이 돼요. 기후 연구에 관심 있는 친구들은 기후학의 기반 지식을 쌓을 수 있으니 한 번쯤 들으면 좋겠어요.

최근 몇 년간 날씨 변덕이 심해졌어요. 대기과학을 전공하면서 이상기후 현상에 대해 많은 생각이 들 것 같아요.

이상기후에 관해서는 가설도 다양하고 아직 밝혀지지 않은 부분도 많아서, 학부생 입장에서는 말하기 조심스러워요. 특히 기상분야는 인과관계, 연관관계가 아직 밝혀지지 않은 내용이 많아요.

대기과학은 자연과학 중에서도 나비효과가 가장 강하게 나타나는 분야예요. 한 예로, 지구온난화로 극지방의 가을철 해빙의 총량이 감소하는 것 역시 중위도의 기후에 영향을 줄 수 있는 부분이죠. 최근에는 가을철 북극 해빙이 감소한 게 한반도를 비롯한 동아시아에 추운 겨울철을 유발할 수 있다는 연구도 있었어요. 지구온난화 여파로 지구 전체 기온이 올라가는데 중위도 지역에 추위가 오는 현상은, 대기과학이 얼마나 복잡한 과목인지 보여준다고 생각해요.

기상예보에 대한 생각도 궁금한데요.

단기 예보는 많이 좋아졌지만 한두 달 이상의 장기 예보 정확도를 높이는 데에는 많은 시간이 필요해요.

또 기상청 예보는 경험에 의존하는 경향이 있어요. 당장 내일 날씨를 틀리면 사람들의 원성을 사기 때문에, 기상현상 원인을 역학적으로 분석하기보다는 모델 결과를 기반으로 내일 날씨를 경험적으로 맞추려는 경향이 강해요. 하지만 기후변화의 영향으로 기후 패턴이 바뀌면, 이전에는 경험하지 못한 작은 규모의 기후현상이 국지적으로 발생할 가능성이 커서 대처하기 어렵다는 단점이 있죠. 변덕스런 날씨에 기상청이 대처하려면 기상현상의 보다 구체적인 원인을 알아보는 것도 중요하다고 생각해요. 그래서 저는 최근 개발 완료된 'KIM^{한국형 기상 수치예보모델}'이 예보 정확도는 물론 기상 현상의 역학적인 원인 분석을 잘 해낼 수 있기를 기대하고 있어요.

연구원이 되고 싶다고 했는데 대학원에서 어떤 분야를 공부하고 싶나요?

최근 역학수업을 들으며 기후를 역학적으로 분석하고 싶어져 기후역학 연구실에 인턴으로 지원했어요. 인턴 생활을 하며 우선 대학원 선배들의 연구방법, 연구를 시작할 때의 발상 잡기 등을 배우고, 스스로 컴퓨터 프로그램을 짜보는 연습을 하고 있어요.

대학원을 마친 뒤에는 가능하다면 기상분야에 연관된 IPCC^{International} Panel of Climate Change, 기후변화 관련 전문가로 구성된 UN 산하 조직으로, 온난화 관련 종합적 대책을 마련할 목적으로 설립나, 극지연구소 같은 곳에 지원하고 싶어요. 아직은 역량도 더 쌓아야 하고 먼 미래의 일이라 대학원 생활을 하면서 차근차근 고민해 보려고요.

동기들이나 선배들은 어떤 진로를 생각하는지도 궁금해요.

아무래도 기상청이 가장 떠오르죠. 기상청에 지원하는 친구들이 많아요. 국토교통부나 환경부 등에서 일하는 선배들도 있고요. 날씨가 헬기나 항공기의 운항에도 큰 영향을 끼치니 민간 항공운항 분야에 관심 있는 친구들도 있고, 공군 기상단의 기상장교를 꿈꾸는 친구들도 있어요. 대학원 선배들은 기상청과 연계된 연구소로 진출하기도 해요. 드물게는 컴퓨터 실험을 기반으로 코딩실력을 키워 개발자로 취직한 선배도 있고요.

대기과학에 어울리는 적성이 있다면?

자연과학 분야니까 어떤 현상에 늘 의문을 품고 탐구하려는 학생이 어울리겠죠? 이런 친구들이 성적도 잘 나오곤 해요. 자주 질문하고 스스로 고찰하는 성격의 친구들이 잘 어울리는 것 같네요.

정시로 입학했는데, 수능이 중요하죠?

2015년도 정시전형은 수능 100%로, 국어:수학:영어:탐구 반영비율이 각각 20:30:30:20에 수학 가형 선택 시 25%, 과학 2과목 선택 시 13% 가산점이 있었어요. 2020년도 정시전형과의 큰 차이는 없어요. 현재는 대기과학과가 '가'군에 속해 있어요.

수능 비중이 절대적이네요. 어떻게 수능을 준비했는지 듣고 싶어요.

다른 친구들보다 공부를 잘한다는 생각은 안 해 봤기에, 시간을 쪼개가면서 공부했어요. 모의고사 날은 반드시 문제를 복기해 오답노트를 작성했고, 평소에는 요일별로 과목을 정해 공부했어요.

국어, 수학은 수능 기출문제 모음 문제집을 세 번 정도 반복해서 풀었어요. 영어는 잘 하는 편이 아니라서 수능연계교재 위주로 공부했어요. 모의고사로 문제 유형을 접하고 연습하는 동시에, 단어나 문법을 체크하고 한 문장 단위로 해석해 풀이하려 노력했어요. 덕분에 수능성적을 제 평소 실력보다 잘 받을 수 있었어요. 수학은 고1 때 모의고사 6등급이었는데 수능에서는 2등급까지 올렸어요. 문제를 풀 때 되도록 풀이과정을 건너뛰지 않고 다 적었는데, 이 습관은 대학 수업에서도 수식을 배울 때 많은 도움이 됐죠.

탐구과목은 인문계라 지리를 선택했어요. 흔히 지리는 암기과목이라고 생각하는데, 그렇지 않아요. 지형이 형성되면 그로 인해 기후도 영향을 받는다는 사실을 이해하면 도움이 될 거예요.

미래의 후배들에게 한마디?

제가 다녔던 고등학교의 표어가 '큰 뜻을 품고 작은 일에 충실하라'였어요. 매일 하는 공부가 별것 아닌 것 같아도, 하루하루 모이면 큰 뜻을 이루는 데 도움이 돼요. 수험을 준비하는 모든 친구들이 작은 일부터 차근차근 잘 쌓아나가길 기원합니다.

전국 대학의 대기과학과

대기과학과의 개설 학교 수는 전국 7곳이며, 연세대 외에는 모두 국립대입니다.

강릉원주대(대기환경과학과), 경북대(천문대기과학전공), 공주대(대기과학과), 부경대(환경대기과학과), 부산대(대기환경과학과), 서울대(지구환경과학부), 연세대(대기과학과)

04

지속 가능 동물산업
동물자원학과

동물 산업 규모가 커지면서 관련 학과나
직종도 덩달아 인기 상승 중입니다.
이번에 소개할 학과도 동물과 관련된 곳인데요.
반려동물은 아니지만, 과거는 물론 미래에도
우리 삶에 빠지지 않을 '경제동물'을 다루는 곳입니다.

동물

동물은 개체 수만큼 키우는 목적도 다양하고, 그 자체로 인간의 자산이 될 때가 많습니다. 인간의 삶에서 경제동물을 빼놓을 수 없지요. 반려동물, 야생동물도 경제적 가치를 갖지만, 흔히 경제동물이라 하면 소, 말, 닭, 돼지, 오리, 염소 등 농장에서 볼 수 있는 가축을 말합니다. 그들의 고기나 알, 유제품, 가죽 등을 여러 산업에 이용하고 있지요. 먼 옛날 농경사회가 시작될 때부터 목축과 어업은 필수였던 데다, 소 같은 동물은 기계영농 도입 전까지 중요한 경작 일손이었죠.

근대 이후 인구 증가와 산업 고도화로 동물자원도 농업생산에만 국한되지 않게 되었습니다. 개체 수 증대 및 사육 방법 개선 등의 필요성이 커졌습니다. 여러 이유로 첨단 과학기술과의 결합은 필연적이었죠. 축산학에 생명공학 등의 관련 학문이 결합하며 동물자원학과로 탄생했습니다.

동물 개체의 성장과 환경, 유전에 관한 지식은 물론 사육 방법, 품종 개량도 배웁니다. 방역, 인간 질병과의 연계 등 수의학의 영역과 겹치는 부분도 제법 있지요. 화학, 생물 기반 과목이 많지만 교차지원이 가능한 곳이 많습니다. 생명공학은 물론 축산학이 중심이 되는 만큼 농장 가축, 영농과 관련된 내용이 많고, 실험실은 물론 농장에서의 실습도 많이 이루어집니다. 경제동물이나 영농에 관심이 많은 친구들에게 적합하죠.

인간을 위해 동물을 이용하는 만큼 동물의 경제적 가치에 중점을 둡니다. 아무래도 효율적 생산을 중시하게 되니 동물의 건강과 권리를 중시하는 다른 동물관련 학과에 비해 '비인도적'이라 생각하기 쉽습니다. 하지만 시장 전반의 화두인 '지속가능한 발전', '상생'은 동물산업에서도 예외가 아닙니다. 최근 우리나라에서도 '동물복지'가 새로운 과제로 떠오르기 시작했죠.

대량생산을 위해 마구잡이로 자행됐던 공장식 축산, 그리고 유전자 변형은 주변 환경을 오염시키고 생태계를 파괴해 왔습니다. 결국 그 피해는 시간을 돌고 돌아 인간에게도 다가왔습니다. 지난 몇 년간 대규모 동물 전염병 창궐, 살충제 계란 파동 등을 겪으며 생산자, 소비자 모두가 축산 환경에서 동물복지의 필요성을 절감했죠. 축산농장 및 도축장에서 '동물복지 인증'을 받는 곳이 늘고 있으며, 화장품, 의약품을 만드는 곳에서는 불필요한 동물실험을 줄이거나 없애기도 합니다.

인간이 동물을 필요로 하는 한 동물의 희생이 완전히 사라지기는 어렵겠지요. 하지만 동물 산업 곳곳에서 인간의 잔인함과 동물들의 고통은 줄이고 본성을 살리는 방향을 모색하고 있습니다. 공존은 선택이 아닌 필수라는 말처럼, 동물복지는 동물을 사랑하는 마음이 필요한 길이랍니다.

선배에게
듣는
진로이야기

어떤 동물을 좋아하세요?

공주대학교 동물자원학과 14학번 **이주영**

곧 졸업이라 했지요? 대학 생활의 마지막을 앞두고 있어요.

교사가 꿈이라 임용고시를 준비하고 있는데, 교직 경험도 쌓고 싶어 기간제 교사를 하면서 임용고시를 준비할 생각이에요. 그 전까지 여행도 많이 다니려고요. 예전에 친구와 함께한 내일로 여행이 좋은 추억으로 남았어요. 그땐 여름에 갔었는데 이번엔 겨울 내일로를 다녀오고 싶어요.

교직 경험과 시험 준비를 병행하려니 많이 바쁘겠네요.

대학에 오고 나서 특성화 고등학교 교사를 꿈꾸기 시작했어요. 이전에는 교사가 공부를 잘해야 될 수 있는 직업이라고만 생각했죠. 그런데 전공 공부가 너무 재밌는 거예요. 1학년 때 좋은 성적을 받고, '내가 누군가에게 꿈을 키워주고 열정을 심어줄 수 있겠구나'라는 또 다른 희망이 생겨 교사를 꿈꾸게 됐어요. 곧 교직이수 과정을 알게 돼 기회를 잡았답니다. 교직이수는 2학년 때 신청을 하고, 학과 내 2학년 중 2명 정도 선발해요. 성적으로 2배수로 뽑은 뒤 교수님과의 최종 면접이 있어요!

어떻게 이 학과와 만나게 됐나요?

원래 다른 대학 항공서비스학과를 다녔어요. 항공서비스 쪽에 여성을 선호하는 직종이 많아 진로 선택에 좋을 것 같았죠. 멋있어 보이기도 했고요. 하지만 적성에 안 맞아 한 학기도 못 채우고 그만뒀어요. 전공의 겉모습만 보고 정작 제가 뭘 하고 싶고 뭘 잘하는지 살피지 못했죠. 부모님과 상의해서 자퇴를 결정했고 다시 수능 공부를 했어요. 동물을 굉장히 좋아해 재수 때는 관련 학과를 목표로 했어요. 재수생활은 외로움의 연속이었고 매일 공부와 사투를 벌여야 했답니다. 수시로 들어오긴 했지만요.(웃음)

대학 생활 하면서 좋은 점은?

일단 등록금 부담이 사립대의 절반 정도예요. 장학금도 많아요. 학과에서 성적우수자는 물론 성적을 많이 올린 학생에게도 성적우수장학금을 지급해요. 또 농어촌희망재단이라는 곳에서도 농수산계열 전공 학생들에게 장학금을 지원하는데, 평균 지급액이 250만 원 정도예요. 지급대상자가 되면 등록금 전액 면제에, 나머지 금액도 용돈에 보탤 수 있어요. 학교 열심히 다니면 장학금 받는 게 어렵지 않을 거예요!

축산이 모든 산업에서 빠질 수 없다 보니 취업문도 넓은 편이에요. 가축위생방역지원본부, 축산 공무원, 농협, 사료회사 등에 지원할 수 있어요.

하나 더. 축사에서 한우, 젖소, 말, 돼지, 닭을 만날 수 있는데, 마학이라는 전공 시간에 말도 직접 타볼 수 있어요!

동물자원학과에서 어떤 걸 배우는지 궁금해요.

주변에서도 많이 궁금해 하더라고요. 쉽게 말하면 축산이에요. 경제동물, 즉 소, 돼지, 닭 등 가축을 키우고 어떻게 이용할지 배워요. 유전, 영양, 번식, 사양, 육종, 경영, 가공분야 등의 지식을 접하면서 자신이 어떤 농장을 갖게 될지 그려볼 수 있어요. 또 경제동물은 인간의 식량 중 차지하는 비중도 커요. 맛있는 고기에 관해서도 여러 가지 원리를 배운답니다.

수의학과와 겹치는 영역도 있을 거 같아요.

소가 병에 걸렸을 때를 떠올리면 좋을 거예요. 수의사는 질병을 치료하지만, 축산업에서는 경제적 가치가 떨어지면 죽이게 돼요. 수의학과는 동물 질병을 예방, 치료하는 것을 배운다면 동물자원학과는 동물이 인간에게 이익을 안겨주는 자원으로 보고 동물의 경제적 가치를 어떻게 높일지 연구하죠.

아 참! 동물자원학과는 산업과학대학 소속인데, 같은 단과대에 특수동물학과도 있어요. 여기선 반려동물, 야생동물, 실험동물의 번식 및 훈련, 희귀종 보존 등을 다룬답니다. 학과를 정하기 전 자기가 어떤 부류의 동물을 좋아하는지, 꿈과 이어질 수 있는지 꼼꼼히 따져 보세요.

반려동물도 아니고 가축을 배우는 게 낯설지 않았어요?

많은 학생이 단지 '동물'을 좋아해서 동물자원학과에 입학하는 일이 많아요. 정확히는 반려동물이나 야생동물을 더 좋아하는데 이 학과가 가축을 다루는지 몰랐던 거죠. 물론 저도 그저 동물이 좋아 들어왔지만, 전공공부를 맛보면서 오히려 배움의 폭이 큰 축산분야에 재미를 붙였어요. 호기심이 많아졌죠. 남들이 잘 모르는 분야를 배우고 싶은 욕심도 생겼고요.

교과과정에 '실험'이나 '실습'이 들어간 과목이 많네요.

재미있는 실습이 많아요. 식육가공학 시간에는 베이컨, 소시지 등을 직접 만들어보고 유가공 시간에는 리코타 치즈, 아이스크림, 요거트 등을 만들어요. 인공수정학 시간에 실제 소, 돼지 자궁을 관찰하고 만져보기도 했고, 양돈학에선 직접 축사에서 돼지 거세 실습도 했어요. 이 학과에 오지 않았다면 접할 수 없는 경험이었죠.

교차지원이 가능한가요?

네. 교차지원이 가능해요. 저도 고등학교 때 인문계였어요. 전공에선 화학도 다루지만 주로 생물 지식이 많이 필요하죠. 입학 후 전공 기초에 과학이 나오면 정말 당황스러웠어요. 이해 속도도 남들보다 훨씬 느린 거 같았고요. 그렇다고 시험 전까지 그 많은 기초지식을 다 쌓기엔 시간이 너무 부족했죠. 전 시험공부를 하다 보강할 부분을 EBS 동영상이나 고등학교 문제집을 보면서 보충했어요.

입학사정관제, 지금의 학생부종합전형으로 들어왔어요.

여러 전형이 있는데, 잠재력 우수자 전형에 지원했어요. 이 전형에서는 먼저 지원자를 서류평가로 정원 3배수만큼 뽑아서, 다시 서류와 면접으로 5:5씩 평가해요. 서류로는 생활기록부, 자기소개서, 교사추천서를 내고, 수능 최저등급은 없어요. 내신성적은 3등급 정도였지만 수상경력, 봉사활동, 대외활동 경력이 많아 지원 가능하다고 봤어요. 면접은 항공서비스학과를 다닐 때 많이 연습해서 자신 있었죠. 면접 준비 때 생기부 등에서 약점이 없나 찾아봤어요. 저는 인문계라 과학 성적이 좋지 않아, 면접 때 과학 관련 질문을 받거나 과학 성적을 지적받을 것에 대비해 예상 질문과 답변을 미리 준비했어요.

자기소개서 작성에서 중요하게 여긴 게 있나요?

어떤 문항이든 솔직함이 묻어 나와야 한다고 생각해요. 자기소개서가 뻔하고 진부해지는 이유는 특별하게 쓰려다 보니 과대포장이 되기 때문이라고 생각해요. 그런 자기소개서는 교수님은 물론 자기가 보기에도 지루할 거예요. 솔직하게 쓰는 게 더 어려울 수 있지만, 정말 사소해도 괜찮으니 자신을 되돌아보면서 솔직하게 써주세요.

면접 때 기억에 남는 일은?

이곳에만 지원했냐는 질문을 받았을 때 망설임 없이 그렇다고 대답했어요. 그 다음 누구와 함께 왔냐고 질문해 아버지와 함께 왔다고 답했더니, "정말 이 학교에만 지원했는지, 지금 아버지를 모셔 와서 확인해 줄 수 있나?"고 하더군요. 사실은 다른 한 곳에 더 지원했지만 당황하지 않고 패기 있게 모셔온다고 답했고, 곧바로 일어나서 나가려고 하는 제스처도 취했어요. 그때 교수님이 다시 앉으라고 하셨죠. 저도 자신감 있는 모습을 보여드린 것 같아 뿌듯했죠. 다른 한 곳은 2차 면접 전형에서 떨어졌지만, 만약 합격했어도 지금의 학교를 선택했을 거예요.

비교과 활동은 어떤 것들을 적었나요?

수상경력, 봉사활동이 많다 보니 수시 평가에 도움이 많이 된 거 같아요. 글 쓰는 것을 좋아해서 교내외 시, 편지쓰기, 논술 대회에도 참여했고 상도 많이 받았어요. 봉사활동도 열심히 했고 선행상, 봉사상도 학년마다 받았던 것 같아요. 비교과 활동이 성적보다 성실의 지표로 많이 작용했던 것 같아요.

후배들에게 한마디?

앞서 말했지만 자기 마음을 잘 들여다보세요. 자신이 정말 어떤 일을 좋아하는지 탐색해 봐야 해요. 저도 처음에 항공서비스학과가 멋있어 보였는데 제 정체성과는 맞지 않았으니까요. 동물자원학과도 그저 동물이 좋다고 해서 지원하면 후회할 수 있고요. 여러분은 제 실수를 되풀이하지 않았으면 좋겠어요. 딱히 좋아하는 게 떠오르지 않는다면, 생각나는 대로 좋아하는 걸 적어보세요. 미래의 행복한 자기 모습을 그려봐도 좋고요. 그리고 대학생이 되어서도 자부심과 열정을 가지셨으면 좋겠어요.

전국 대학의 동물자원학과

동물자원학은 복합 학문으로 축산학과 생명공학의 비중이 큽니다. 가축을 중심으로 다른 동물들도 다루며, 복수 학과로 분화해 개설한 학교도 있습니다.

동물자원학과
강원대(동물생명과학대학), 경남과기대(동물생명과학과/동물소재공학과), 공주대(동물자원학과), 건국대(동물자원과학과), 단국대(동물자원학과), 대구대(동물자원학과), 부산대(동물생명자원과학과), 삼육대(동물생명자원학과), 상지대(동물생명자원학부), 순천대(동물자원과학과), 전남대(동물자원학부), 전북대(동물생명공학과/동물자원과학과), 제주대(동물생명공학전공), 중부대(애완동물자원학과), 충남대(동물자원과학부)

축산학과
건국대(축산식품생명공학과), 경북대(축산생명공학과), 경상대(축산생명학과), 충북대(축산학전공)

05

더 얇고 가볍게
디스플레이공학과

우리 생활 대부분을 차지하는 컴퓨터나 스마트폰.
과거 이것들 없이 어떻게 살았는지
기억 못 할 정도입니다.
컴퓨터나 주변 기기 생산자들 역시
'반도체 없던 시절'을 상상 못할지도요.
전자제품의 필수품인 반도체의 원리와 함께,
디스플레이의 원리를 다루는 곳을 알아봅시다.

'디스 플레이display'는 '배치하다, 배열하다'라는 뜻입니다. 마케팅에 서는 주로 가게에 상품 등을 진열, 연출할 때 많이 쓰입니다. 그 러나 공학에서는 1과 0의 컴퓨터 데이터를 문자나 그래픽 등 다양한 '볼거리'로 영상 출 력한다는 뜻으로 씁니다. 모니터를 비롯해서 TV, 휴대폰, 전광판, 전자계산기, 스마트 가전제품들은 모두 전자신호를 볼거리로 바꿔서 보여줄 '디스플레이' 장치가 필요한 기 기이며, 그 가짓수도 계속 늘고 있습니다. 4차 산업 시대에 진입하면서 디스플레이의 역할도 더욱 커지고 있고요.

한편 관련 학과들에서는 반도체와 디스플레이를 함께 다룹니다. 디스플레이 제품 의 핵심 부품 다수가 도체와 부도체의 중간, 반도체로 이루어져 있기 때문이에요. 디 스플레이 기기에는 원격 조정장치나 컴퓨터 등에서 신호를 받는 능력, 그리고 받은 신 호를 시각적으로 바꿔주는 기능, 그리고 그 시각적인 부분을 보여줄 화면이 필요합니 다. 이는 전자제품에서 반도체의 역할과 연결됩니다. 아날로그에서 디지털, 혹은 디지 털에서 아날로그로 신호 상태를 바꾸는 능력, 정보 저장, 그리고 계산과 발광. 조명이 나 전광판에 쓰이는 발광 다이오드LED처럼, 전기를 빛으로 변환하는 발광 소자 등도 반도체입니다.

우리나라 산업 중 반도체 산업은 주요 수출 전략 산업입니다. 성장 단계에서 막대한 투자를 한 덕도 있었지만 우리나라의 반도체 기술은 세계적으로 인정받고 있고, 최근 조선업의 침체로 반도체 산업의 중요성이 한층 커졌습니다.

반도체 산업이 중요한 근본적인 이유는 '최첨단 산업'이기 때문입니다. 반도체의 등

장으로 전자 기술은 더욱 발전했고, 집 한 채만하던 컴퓨터 크기도 줄었으니까요. 만드는 방법도 정교합니다. 어떤 물질에서 도체와 부도체를 가르는 건 물질 속 전자의 띠구조인데 이는 빛이나 열, 불순물을 통해 바꿀 수 있답니다. 완전 도체도 아닌 반도체로 만들려면 그 조절이 더욱 어렵겠죠? 먼지 하나로도 성질이 완전히 바뀐다고 합니다. 게다가 겨우 손톱만한 크기에 천만 개의 전자 회로가 지나다닙니다. 반도체는 전자산업의 근간이자 한 국가의 과학기술을 가늠하는 척도가 되었습니다.

때문에 디스플레이공학은 전기 · 전자공학, 재료공학 등 기존 공학 분야를 다양하게 흡수했습니다. 이외에도 화학, 광학, 우주물리학 등, 공학과 자연과학 영역의 핵심 응용 분야가 디스플레이공학이라 해도 과언이 아니죠. 지금보다 더 얇고, 더 가벼운 디스플레이를 개발하려는 노력은 계속되고 있으니까요. 아마 인류가 전자제품과 결별하지 않는 한, 반도체는 물론 디스플레이 시장도 더욱 커질 듯합니다.

선배에게
듣는
진로이야기

최첨단 전자산업 발전의 동력

경희대학교 정보전자신소재공학과 14학번 **고승보**

만나서 반가워요. 지금의 학과에 어떻게 오게 되었나요?

옛날부터 '재료'는 시대를 판단하는 기준이었어요. 석기시대, 청동기시대, 철기시대…. 지금을 실리콘, 플라스틱 시대라고도 부르더라고요. 재료는 한 시대의 발전상을 그대로 반영한다고 할 수 있는데, 신소재공학과는 재료를 연구하고 새로운 소재를 개발하는 학과예요. '시대를 이끄는 학문'이란 점이 매력적이죠.

신소재공학은 무엇을 배우나요?

세상의 모든 것은 재료, 즉 소재로 구성되어 있어요. 신소재공학과는 어떠한 '소자'에 알맞은 소재가 무엇인지 탐구하는 학문이에요. 소자란 반도체, 디스플레이, 태양전지 등 '기기' 같은 건데, 소자를 만드는 물질을 소재라고도 하죠. 소재는 플라스틱과 같은 유기재료, 금속재료, 반도체에 주로 사용되는 실리콘과 같은 무기물 기반의 세라믹재료 세 가지로 나눌 수 있어요.

소재마다 수많은 특성이 있고, 그 특성을 결정짓는 다양한 내부 원인이 있어요. 소재의 특성에 대해서는 기초 과학과목부터 전자기학, 양자물리학, 열역학 등의 심화 개념을 배운 뒤, 신소재공학의 핵심인 재료과학을 통해 배워요. 소재를 공부했다면 소자도 공부해야죠. 가령 디스플레이 재료를 공부하는 사람이 디스플레이가 무엇이고, 그 구동 원리를 모른다면 아무 의미가 없잖아요? 소자의 특정 기능이나 성질에 적합한 소재를 찾아주는 법, 새로운 소재를 찾아내는 법 등을 배워요.

반도체, 디스플레이 분야는 물론 4차 산업혁명으로 주목받고 있는 나노신소재, 하이브리드유기,무기 융합복합소재, 정보 저장소재, 에너지소재 과목도 있어요.

다른 학교의 신소재공학과와 다른 점은?

학과 이름에서도 알 수 있듯, '정보 · 전자' 소자에 쓰이는 재료들의 전기, 자기, 광학적 특성에 대해 더 깊이 있게 배워요. 특히 4차 산업 시대에는 반도체를 비롯해 여러 정보저장소재, 차세대 전지기술 등의 발달이 중요할 수밖에 없겠죠? 다른 신소재공학과보다 차세대 성장 동력산업인 정보디스플레이와 전자 및 반도체, 에너지 쪽 신소재 분야에 집중해서 배울 수 있다는 게 정보전자신소재공학과의 장점이에요.

실험과 과제 수준은 어느 정도인가요?

모든 공과대학 학생들이 공통으로 듣는 실험 외에, 학과 필수 실험 과목 4개가 있어요. 기초신소재실험, 중급신소재실험, 고급신소재 실험, 신소재 합성실험이죠.

한 학기마다 하나의 실험과목을 학습하면서 직접 소자 제작과 평가를 함으로써 이론으로만 배웠던 내용을 확인할 수 있어요. 과제를 하면서 여러 고민을 해보고, 잘 되지 않으면 친구들과 같이 이야기를 나누면서 문제를 해결해 나가요.

응용 분야도 많은데, 그중 관심 있는 분야는 뭔가요?

반도체 설계보다는 재료, 공정에 관심이 많아요. 반도체 구동이나 설계도 중요하지만, 반도체에 사용되는 금속재료 및 절연체 재료의 개발, 원하는 성능을 구현하기 위한 반도체 공정 없이 산업이 발전할 수 없어요.

최근 뉴스를 보면, D램RAM 10나노 공정, 96단 낸드플래시NAND flash, 메모리 반도체 '플래시 메모리'의 한 형태 등 신기한 단어들이 있어요. 여기서 10나노 공정이란 반도체 회로의 선폭을 10나노미터10nm까지 줄였다는 뜻이고, 96단 낸드플래시는, 저장단위인 메모리 셀을 96단까지 쌓았다는 의미예요. 이해가 어려울 수 있지만, 결국 매우 미세한 크기로 반도체 소자를 만들었다는 뜻이죠. 머리카락 굵기가 100마이크로미터um라는 것을 생각하면, 머리카락보다 만 배 정도 얇은 크기예요. 이렇게 반도체 소자가 미세한 크기로 줄어들면 신기한 일이 일어나는데, 바로 재료들의 특성이 바뀌는 거죠. 반응을 잘 안하던 물질도 쉽게 반응하거나, 전기가 통하지 않던 물질도 전기가 통하게 변해요. 또 노란빛이 나는 금도 나노 사이즈가 되면 분홍빛으로 바뀌어요. 나노스케일에서도 소자가 요구하는 특성에 부합하기 위하여 새로운 소재를 탐구하거나, 소재와 소자의 구조를 바꾸거나, 공정 설계를 바꾸는 등 여러 노력을 하고 있어요. 저는 이중에서도 공정 설계 분야에 관심이 있고요.

정보디스플레이학과에서도 반도체를 다루는데, 두 학과의 공통점과 차이점은 무엇인가요?

디스플레이와 반도체는 별개로 보이지만 디스플레이에도 반도체가 쓰여요. 디스플레이를 구동하기 위해서는 전기를 켜고 꺼주는 스위치 기능을 할 장치가 필요해요. 이 역할을 하는 박막트랜지스터Thin Film Transistor, TFT가 반도체 물질을 사용하는 반도체 소자예요. 정보디스플레이학과는 물론 신소재공학과에서도 이러한 TFT에 사용되는 물질에 대한 연구와 공정의 최적화에 대해 연구해요. 비슷한 부분이 있는 셈이죠.

다만, 정보디스플레이학과는 '디스플레이'에 중점을 둬요. 정보전자신소재학과가 반도체, 디스플레이, 에너지 소재 등의 넓은 정보전자소재를 배운다면, 정보디스플레이학과는 TFT를 비롯해 LCD의 액정재료, OLED의 유기 발광재료 등 디스플레이 재료에 집중해요.

어떤 학과를 복수전공할 수 있나요?

신소재공학은 공학과 자연과학의 성격을 골고루 갖고 있어요. 물질이 나타내는 특성은 물질의 원자, 미세구조 등 물질 내부의 미시적 원인에 의해 형성되는데, 순수 자연과학 영역과 매우 밀접한 연관이 있어요. 미시적 원인을 알기 위해선 전자기학, 양자역학, 열역학, 결정구조학 등의 심화된 개념이 필요하죠. 실제로 소자를 만들 땐 과학지식보다 기술과 연관된 공학적 지식이 좀 더 필요해요.

재료 내부 양자역학적, 열역학적, 구조적인 개념에 관심이 있는 사람들은 자연과학 계열 중 물리학과나 화학을, 소재의 적용 분야, 소자의 구동 원리, 회로 설계, 전지개발 등 기술 분야에 관심이 있는 학생들은 기계공학, 전자공학, 화학공학 쪽을 복수전공해요. 가장 친구들이 많이 선택하는 복수전공은 전자공학이에요.

학부 과정 중 '고분자트랙'은 어떤 과정인가요?

고분자 관련 지식을 갖춘 신소재공학도를 배출하기 위해 만든 교육 과정이에요. 최근 고분자 같은 유기재료는 플렉시블 디스플레이Flexible Display, 재료가 유연하여 접거나 둥글게 말 수 있는 디스플레이 장치, 반도체 소자, 태양전지, 이차전지Secondary cell, 여러 번 충전해 사용할 수 있는 전지. 외부의 전기 에너지를 화학 에너지 형태로 바꿔 저장해 두었다가 필요할 때 전기로 만든다. 등에 널리 쓰이고 있어요. 지금 학과도 예전 '고분자섬유신소재공학과'와 '디스플레이재료공학과'를 통합한 거예요. 과거 '고분자섬유신소재공학과'의 기존 고분자 과목을 전자재료 쪽에 집중한 새로운 전공과목도 신설했죠. 고분자 트랙은 여러 고분자 · 유기재료 관련 전공 중, 4개 과목(고분자 재료, 고분자 화학, 고분자 물리, 고분자 공학)을 이수하면 얻을 수 있어요.

반도체 개발이 꿈이라고. 어떤 반도체를 만들고 싶나요?

메모리반도체의 소재와 공정에 관심이 있어요. 새로운 미래반도체도 개발하고 싶어요.

4차 산업혁명 시대에 접어들면서 메모리 반도체 수요가 더욱 많아졌어요. 클라우드 서버에 저장할 데이터가 급증해, 낸드플래시나 D램 등 대용량 저장소재의 수요가 많아지고 있죠. 산업계도 더 높은 성능의 소자를 원하고 있어요. 반도체 소자의 크기가 줄어들어야 소자 효율이 높아지거든요. 그래서 반도체 소자를 얼마나 작게 만들 수 있을지가 요즘 업계의 주요 관심사예요. 10여 년 전까지는 40나노 공정을 진행하면서, 더 이상 크기를 줄일 수 없을 것 같단 예측도 있었지만, 최근에는 14나노, 10나노 공정까지 소자 크기를 줄이고 있어요.

그 과정에서 발생할 문제점 해결도 중요해요. 물리, 화학 현상에 대한 높은 이해는 물론 반도체 관련 지식과 경험도 쌓아야겠죠. 전 교수님 밑에서 학부 연구생 과정을 하고 있어요. 관련 공부와 실험을 거쳐 경험을 쌓으려고요. 물론 대학원 진학도 생각하고 있어요.

다른 동기나 선배들은 어느 분야를 선택하나요?

대부분 정보전자산업 계열을 선택해요. LG 디스플레이, 삼성 디스플레이, 삼성전자 메모리사업부, 삼성 SDI, LG 화학 등. 반도체, 디스플레이 업계만 해도 소재 및 공정개발, 회로 설계, 생산 설비 등 직무가 다양한 데다, 업계 전반에서도 신소재공학도를 선호하죠. 생산설비의 경우 공정 과정에서 발생하는 기기상의 문제점을 분석, 해결하는 중요한 역할을 해요. 고분자 트랙을 이수한 경우에는 코오롱, 효성 같은 섬유소재 쪽 회사로도 가요. 취업뿐 아니라 대학원 진학도 많고요.

이제 입시 질문으로 넘어갈게요. 정시전형으로 입학했는데, 수능 100%로 선발했죠?

경희대 서울캠퍼스는 순수학문, 국제캠퍼스는 응용학문 중심이라 공과대학은 주로 국제캠퍼스에 있죠. 서울캠퍼스는 '가'군에서, 국제캠퍼스는 '나'군에서 선발해, 14년도에 공과대학은 '나', '다'군에서만 지원할 수 있었어요. 공과대학은 국어:수학:영어:과학탐구 비율이 20% : 35% : 20% : 25% 비율이었죠. 탐구과목은 2과목만 선택하되 2과목 모두를 반영했고, 학교 자체 '백분위 변환 표준점수'가 적용되었어요. 보통 다군 경쟁률이 높아 '가', '나'군에서 상향 또는 적정지원, '다'군에는 하향지원을 하는 경향이 있었죠. 2019년부터 공과대학은 국어:수학:영어:과탐 비율이 20% : 35% : 15% : 25%에, 추가로 한국사가 5% 포함돼요.

수능은 어떻게 준비했어요?

입학할 땐 수시모집에서도 최저학력기준이 있었죠. 자연계열이다 보니 국어, 영어보다는 수학, 과학 위주로 공부했어요. 수학 B형은 매우 어려운 데다 수능 반영 비율도 커서 많은 시간을 들였죠. 어려운 수학문제를 풀 수 있다면 깊은 사고력이 필요한 논술문항도 해결할 수 있을 거라 생각했고, 매일 단원별로 일정 문항수씩 풀었어요. 과학탐구는 화학1과 생명과학2를 선택했는데, 화학과 생명과학 모두 개념이 중요한 영역이라 개념정리 노트를 들고 다니며 틈틈이 기본 개념을 정리했죠. 반도체, 디스플레이 소재에 관심이 많아 가군은 경희대 정보디스플레이 학과, 나, 다군에서 정보전자신소재공학과를 지원했는데, 이중 나군에만 합격했죠.

미래의 후배들에게 한마디?

신소재공학은 산업발전의 근간이자 국가 경쟁력을 말해주는 척도가 돼요. 우수 재료 개발 없이는 기술 선진국에 예속되기 쉽죠. 물리, 화학 및 공학계열에 관심이 있고, 미래사회의 주역이 되고 싶은 친구들에게 신소재공학과를 추천하고 싶어요.

원서접수 기간에는 흥분과 긴장감, 합격에 대한 기대 때문에 공부에 집중하기 쉽지 않더라고요. 하지만 수능공부에 집중하는 편이 좋아요. 저도 수시에 지원했을 땐 자소서에 집중하느라 공부를 못 했던 적도 있었는데, 조금 후회가 되네요. 입학전형에 수시만 있는 건 아니니, 정시도 바라보며 묵묵히 공부한다면 목표를 이룰 수 있을 거예요.

전국 대학의 디스플레이공학 계열 학과

디스플레이 영역을 전문적으로 다루는 학과는 아직 적은 편입니다. 전기전자공학, 신소재공학 등 기존 공학 분야에서도 반도체 및 디스플레이 분야를 집중적으로 다루기도 합니다.

경희대(정보디스플레이학과), 고려대(디스플레이·반도체물리학부), 부경대(융합디스플레이공학과), 단국대(디스플레이공학과), 선문대(디스플레이반도체공학과), 순천향대(디스플레이신소재공학과), 원광대(반도체·디스플레이학부), 두원공대(디스플레이공학계열), 한양대(나노광전자학과), 호서대(전자및디스플레이공학부)

06

근골격 의료의 든든한 척추
물리치료학과

우리 몸을 받치는 근육과 뼈는 충격에 꽤 민감합니다.
사소한 실수로 삐끗해도 우리 몸은
처절하게 비명을 지르지요.
크고 작은 근골격계 부상으로
정형외과를 찾는 사람들이 많습니다.
다행히 수술을 거치지 않고도 치유할 방법이 있는데,
바로 물리치료입니다. 오늘 소개할 곳은
근골격 의료 전문가를 양성하는 물리치료학과입니다.

장시

간 공부를 하거나 컴퓨터 앞에 앉아 있으면, 어깨 근육이 뭉치거나 허리가 아플 때가 많지요. 이럴 땐 간단한 스트레칭이나 마사지, 찜질을 해주면 몸의 긴장이 풀립니다. 우리가 생활 속에서 해주는 이 모든 조치가 간단한 물리치료입니다. 열, 전기, 운동 등을 통해 뼈나 근육의 통증을 완화하는 것.

사실 우리 몸은 20대가 되면 이미 노화가 시작돼 근육이 감소한다고 합니다. (될 수 있으면 2~30대에 근력 운동을 해야 하는 이유랍니다.) 자연히 노년이 되면 근골격계 질환에 시달리죠. 그런데 장시간 움직이지 않고 한 자세로 일하는 직종이 많은 만큼, 젊은층도 통증을 호소하는 일이 많습니다. 사고나 병으로 오래 누워 있는 사람은 물론, 장애로 움직임이 불편한 사람들도 물리치료를 통해 재활훈련을 합니다. 한편 운동량이 많으면 뼈와 근육의 손상을 초래하므로, 스포츠 선수들에게도 물리치료가 필요하지요.

물리치료사는 의사를 보조하는 의료기사입니다. 엄연히 전문 지식을 요구하는 의료인입니다. 국가시험을 거쳐 자격을 얻습니다. 물리치료학과에서 배우는 건 주로 국가시험에도 필요한 과목입니다. 근골격 구조, 신체 운동의 원리 등을 배웁니다. 우리 몸은 서로 긴밀하게 연결되어, 어느 한 부위가 아플 때 다른 부위에서도 통증을 느낄 때가 많고, 의외의 신체 부위가 원인일 때도 많습니다. 허리가 아파 병원을 찾았는데 알고 보니 척추 디스크였다든가. 치료에는 약물도 필요하므로, 약에 대해서도 배우게 됩니다.

물리치료사는 전문 분야도 다르고 수요 역시 병원에만 한정되지 않습니다. 양로원, 재활센터 등의 여러 복지기관, 피트니스 센터, 스포츠 구단 등에서도 물리치료사를 필요로 합니다. 다른 보건직과 마찬가지로 취업 걱정이 필요 없고 재취업도 가능한 직종입니다. 해외에서는 물리치료사를 근골격 전문 의료인으로 간주하므로 개인 물리치료 시설 개원도 가능합니다. 공부 기간이 더 길어질 걸 감안하고도 해외 유학 및 취업을 고려하는 경우도 많습니다.

물론 취업만큼 취업 후 일의 강도나 적성이 중요하지요. 학교는 물론 현장에서 배워야 할 것도 많습니다. 사람들과의 접촉도 많아 신체적, 정신적으로 에너지가 많이 필요하고요. 몸이 아프고 불편한 사람들을 대하는 건 결코 쉽지 않죠. 하지만 치료를 받고 나아진 사람들을 보며 보람을 느낄 수 있고, 직업의 선택 의미를 발견할 수 있습니다.

운동선수들의 꿈,
물리치료로 도와드릴게요

삼육대학교 물리치료학과 17학번 **조민정**

어떤 계기로 물리치료학과에 오게 되었나요?

어릴 때부터 운동을 좋아했어요. 체육계 대학을 준비했지만 고3 때 얻은 부상으로 포기할 수밖에 없었죠. 병원에서 재활 치료를 받다보니 운동 재활에 관심이 생겼고, 저처럼 부상 때문에 운동을 그만두는 사람이 없길 바랐어요. 선수 트레이너 자격증을 취득하려면 물리치료학과 또는 체육계열학과를 졸업해야 해서 물리치료학과를 선택했고, 서울에 있는 4년제 대학교로 삼육대가 유일했어요. 처음에는 조건에 맞춰 입학했다고 여긴 적도 있었지만, 교수님들도 부모님처럼 가까이서 챙겨주시고, 교내 시설도 훌륭해서 학교에 자부심을 느껴요.

삼육대는 기독교계열 학교로 잘 알려져 있는데, 다른 기독교계열 대학과 다른 점이 있나요?

전 식단을 꼽고 싶어요. 다들 아시는 것처럼 학교가 제칠일안식일예수재림교를 바탕으로 하는데 음식도 교리를 따르거든요. 저도 입학 전에 처음엔 우리가 잘 먹는 육류, 해산물이 학식에 나오지 않아 아쉬웠는데, 메뉴도 다양하고 고기 없이도 맛있는 게 많아 나름대로 적응하고 있어요.

물리치료학은 어떤 걸 공부하나요?

사람의 몸을 다루는 해부학, 생리학을 기반으로, 다양한 영역의 물리치료를 배워요. 스포츠 물리치료학, 아동 물리치료학, 신경계 물리치료학 등. 저는 운동선수의 치료와 관련된 근골격계 관련 수업을 좋아해요. 특히 요즘 듣는 '해부학 실습'을 좋아하는데 초음파 등의 영상 기기를 이용하여 환부를 관찰하고, 환자들을 신속하게 치료할 수 있어요.

이제 2학년인데, 본격적인 전공 공부를 시작하겠네요.

네. 1학년 땐 물리치료학개론과 생물학, 물리학, 화학 등 과학 기초를 배웠어요. 아무래도 이과 출신 학생들이 유리하지만, 문과 출신도 포기할 정도까진 아니라고 생각해요. 저도 고등학교 때 문과였기 때문에 처음에는 과학 수업이 어려웠지만, 기본 개념들을 외우고 수업 전에 배울 부분을 미리 읽어가니 한결 따라가기 쉬웠어요. 그리고 과학 수업은 실험이 많으니 적극적으로 참여하면 좋은 결과를 얻을 거예요!

3학년 때부터 임상실습을 나간다고요.

매주 목요일에 부속병원 등에서 실습을 하는데, 방학 때도 병원에 가요. 요즘은 병원 물리치료실도 분야별로 나눠서 운영하기 때문에, 처음부터 자신이 원하는 분야가 있는 병원을 찾아 실습을 가는 일도 많다고 해요.

실습의 장점은 현장에서 많은 환자를 만나는 선배들의 조언을 듣고 자신의 부족한 점을 보완할 수 있다는 거예요. 아직 진로를 못 정한 친구도 여러 병원에 실습을 나가다 보면 잘하는 분야를 찾을 수 있고요. 병원 분위기는 너무 걱정하지 않아도 될 거 같아요! 물론 엄격한 선생님들도 계시지만, 친절한 선생님들이 많아 맡은 일을 잘 하면 문제없다고 들었어요.

방학에 실습이 있어서 성실한 친구에게 어울리겠어요.

네. 물리치료사는 환자들과도 소통이 많으니 사람들을 만나는 것을 좋아하는 친구들에게 알맞죠. 또 배우는 것도 고등학교 때까진 접해본 적 없는 내용이 많아요. 꾸준히 공부하고 자기 것으로 만들어 나가는 친구들에게 잘 맞아요.

전공수업 외에도, 눈에 띄는 필수과목이 많이 있네요.

필수교양으로 MVP교육과 노작교육이 있어요. MVP교육은 학교 인재상인 'MISSION, VISION, PASSION'과 관련된 활동을 하는 수업이에요. 입학 직전 3박 4일간의 MVP캠프를 통해 여러 학과 친구들과 만났고, 학기 중엔 학과 친구들, 교수님들과 함께 2박 3일의 MVP+캠프에 참가했어요. 다양한 사람들과 가까워질 수 있는 시간이라 더 좋았어요.

노작교육은 학교 정문 건너편 노작 실습실에서 한 학기 동안 자신이 직접 작물을 길러보는 수업이에요. 자연의 신비를 몸소 느꼈죠. 자신이 수확한 작물을 가져갈 수 있고요. 인성교육도 3학년 2학기까지 학기별로 듣는데, 딱딱한 수업이 아니라 목사님, 친구들과 함께 대화하는 시간이에요. 관심사, 사회 이슈 등에 대해 자유롭게 이야기를 나눌 수 있고, 시험도 오픈북이라 부담이 없어요!

물리치료사가 필요한 곳은 어디인가요?

아무래도 병원에서 수요가 가장 많죠. 하지만 물리치료사가 일할 수 있는 곳은 훨씬 다양해요. 스포츠 물리치료는 선수촌, 스포츠 구단, 재활 전문 병원 등에서도 필요해요. 요즘은 사회 복지 시설 등에서 아동, 노인들을 전문적으로 치료하는 분들도 많아요.

학생의 꿈은 KBO 구단 선수 트레이너라고 들었어요. 어떤 일을 하나요?

선수 트레이너는 선수가 자신의 몸을 관리할 수 있도록 돕는 서포터예요. 부상 입은 선수의 응급처치, 관리는 물론 사전에 부상을 예방하는 역할도 한답니다. 선수들이 운동을 포기하지 않도록 도와주고 싶어요.

제가 야구를 좋아해서 국내 프로 야구 리그에서 선수 트레이너를 하고 싶어요. 아직 여성 트레이너가 있는 구단이 없다고 들었어요. 최초 여성 트레이너가 되기 위해 열심히 노력해야죠.

멋진 꿈이네요. 이제 입시 얘기를 해 볼게요. 수시 학생부 일반전형으로 입학했는데, 18학년도부터 생활기록부 반영비율이 달라졌죠?

맞아요. 제가 입학할 땐 생활기록부 80%, 자기소개서 20%를 봤는데, 18학번 친구들은 생활기록부 100%로 바뀌었다고 하더라고요! 제가 아무래도 급하게 진로를 변경하다보니 내신성적을 많이 보는 편이 유리할 것 같아 일반 전형에 지원했어요. 수능 최저등급도 없었고요. 성신여대, 한체대 등에도 지원했었는데 학생부 전형으로 지원할 땐 주로 봉사 활동, 스포츠 활동을 주로 강조했어요.

내신은 어느 정도였나요?

전체 평균은 약 1.8정도였어요. 대학교 산출 방법으로는 성적이 높은 몇몇 과목으로 성적을 산출하기 때문에 1.4정도였고요. 한창 체육 실기를 준비할 적엔 방과 후 곧장 학원에 가야 해서 따로 공부할 시간이 많진 않았어요. 그래서 수업시간에 더 집중하고, 과목별 선생님들마다 시험 출제 스타일을 파악하려 노력했어요. 또 사소한 수행평가도 놓치지 않았던 것이 정말 많은 도움이 되었죠. 제게 맞는 공부 방법을 파악하는 것도 좋아요. 전 적으며 암기하는 공부 방법이 맞아 노트 필기를 주로 했었는데, 그림이나 표 같은 시각 자료로 정리하는 것도 아주 효과적이었어요.

자기소개서를 쓸 때 가장 신경 쓴 점은 무엇인가요?

제 경험을 솔직하게 담아낸 게 좋은 결과를 가져온 것 같아요. 제가 했던 활동과 학교 · 학과 인재상을 비교하고, 제가 어떤 사람으로 성장할 수 있는지에 대해 풀어냈죠. 저는 앞으로의 성장 가능성을 보여주는 걸 강조했어요. 제 장래희망인 '선수 트레이너'라는 직업에 필요한 역량과 제가 가진 장점, 했던 활동들을 풀어나가면서 앞으로 어떤 선수 트레이너가 될 건지 작성했어요.

비교과 활동은 어떻게 준비했나요?

체육 활동이 가장 많았어요. 학생회 활동, 학급 임원 활동 등 리더십을 보여줄 수 있는 활동도 많이 참여했고요. 하나 예를 들면, 체육대회를 기획하고 진행하면서 부상을 입었던 친구들을 많이 보았는데 이 친구들을 위해 응급처치 부스를 만들었어요.

하지만 활동의 테마나 범위를 한정하기보다는, 자신이 하고 싶은 걸 해나가며 자신만의 이야기를 만들어 나가는 게 더 중요한 것 같아요. 분명 어떤 활동을 하더라도 전보다 나아진 게 있을 거예요. 진로와의 연결점이 무엇인지를 생각하는 것도 좋고요.

물리치료학과에 오려는 후배들에게 하고 싶은 말이 있다면?

물리치료학과에 처음 들어오면 해야 할 공부도 많고 전공보다 기초 과학 수업을 많이 듣다보니 무엇을 하러 물리치료학과를 왔는지 고민도 하게 될 텐데, 딱 1학년만 참으면 된다고 말해주고 싶어요. 공부할 게 많지만 배워가는 즐거움도 얻을 수 있으니 항상 힘내고요!

전국 대학의 물리치료학과

4년제는 물론 3년제 대학에도 많이 개설되어 있습니다. 4년제의 경우 대개 1학년 교과
과정에서 입문과목과 함께 기초 과학과목을 함께 들을 수 있습니다.

4년제

가야대, 가천대, 강원대, 건양대, 경남대, 경동대, 경성대, 경운대, 광주여대, 김천대, 나
사렛대, 남부대, 남서울대, 단국대, 대구가톨릭대, 대구대, 대구한의대, 대전대, 동신대,
동의대, 백석대, 부산가톨릭대, 삼육대, 상지대, 선문대, 세한대, 신라대, 연세대, 영산
대, 용인대, 우석대, 우송대, 위덕대, 유원대, 을지대, 인제대, 전주대, 중부대, 청주대,
한국교통대, 한국국제대, 한려대, 한서대, 호남대, 호서대, 호원대

3년제

강동대, 강릉영동대, 경남정보대, 경복대, 경북과학대, 경북전문대, 광양보건대, 광주보
건대, 구미대, 군장대, 김해대, 대구과학대, 대구보건대, 대원대, 대전과학기술대, 대전
보건대, 동남보건대, 동의과학대, 동주대, 마산대, 목포과학대, 서영대, 선린대, 수원여
대, 신구대, 신성대, 안동과학대, 안산대, 여주대, 영남이공대, 울산과학대, 원광보건대,
전남과학대, 전주비전대, 제주한의대, 청암대, 춘해보건대, 포항대, 한림성심대, 호산대

07

방사선이라는 양날검 다루기
방사선학과

얇은 물체를 통과하는 힘을 지닌 X선.
물체를 X선에 비추면 내용물이 반사됩니다.
X선의 원리를 이용하는 곳은 많지만
역시 병원에서 가장 자주 쓰이죠.
병원에는 X선 촬영장치는 물론 CT, MRI 등
방사선을 이용해 정밀하게 몸 내부를
살펴볼 수 있는 기구들이 많습니다.
방사선학과에서는 방사선 기구들을
안전하게 다룰 전문 인력을 양성합니다.

18 95년, 독일의 과학자 뢴트겐은 음극선 실험 도중 유독 투과성이 좋은 광선을 발견합니다. 몇 번의 실험 결과 뢴트겐은 이 광선이 얇고 부드러운 물체를 통과하는 걸 알아냈죠. 여기서 힌트를 얻은 뢴트겐은 이 광선을 이용해 아내의 손을 촬영했고, 사진에는 검은 배경에 하얀 손뼈가 뚜렷이 나왔습니다.

이 정체불명의 광선에 수학의 미지수에 붙이는 'X'를 써서 'X선X-ray'이라 이름지었습니다. X선을 시작으로 가시광선보다 파장이 짧고 가시광선이 통과하지 못하는 물체를 통과하는 '방사선'의 존재가 알려집니다.

뢴트겐의 X선 연구는 외과의사들 사이에서 큰 관심거리가 되었습니다. 산 사람의 몸속을 볼 수 있고, 환자들의 고통을 덜 수 있었습니다. 의료계에서 방사선의 용도는 점차 확장됩니다. X선 촬영은 이후 CT촬영으로 발전해, 초기 X선 촬영에서 담아내지 못한 장기도 볼 수 있게 되었죠. 또한 방사선으로 암세포를 없앨 수도 있게 되었습니다.

방사선 의료기구를 조작할 때는 광선의 강도를 잘 조절해야 합니다. 안전한 조작을 위해 숙련된 손길이 필요한데, 이게 방사선사의 역할입니다. 주로 방사선 기구를 조작, 관리하며 환자의 몸 상태를 확인합니다.

방사선사의 업무 영역은 크게 세 가지입니다. CT, MRI 등을 촬영해 병을 진단하는 영상의학과 업무, 의사와 겹치지 않는 범위 내의 방사선 치료, 환자에게 방사성의약품을 투약하고 결과를 관찰하는 핵의학 분야 업무. 진단방사선사의 비중이 가장 높긴 하지만 어느 영역이든 방사선의 성질을 이해하고 있어야 하며, 결과를 분석해 의사에게 보고해야 하므로 의학 지식도 있어야 합니다.

방사선 기구로 촬영, 치료한 기록물을 관리하는 것 역시 방사선사의 몫입니다. 촬영과 기록 관리를 할 때 컴퓨터 작업이 많기 때문에 컴퓨터 조작에도 능숙해야 합니다. 전문성이 필요한 만큼 다른 보건계열과 마찬가지로 국가자격시험으로 면허를 받아야 활동할 수 있고, 학부과정에서도 병원 실습을 거칩니다.

질병의 예방과 치료에 방사선이 계속 쓰이므로 방사선사를 필요로 하는 곳이 많습니다. 한편 방사선사는 방사선에 노출되기 쉬운 만큼, 방사선 계수 계측기를 휴대해야 하며 정기검진도 필수랍니다. 무엇보다 중요한 건 자신의 안전이지요. 자신의 안전을 지킬 때 환자와 다른 의료진의 안전도 지킬 수 있습니다.

숙련된 방사선사가 되기 위한 훈련

강원대학교 방사선학과 15학번 **전영석**

곧 방학을 맞는데, 특별한 계획이 있나요?

올해 3학년인 제겐 다가오는 여름이 마지막 방학이에요. 겨울방학엔 병원실습을 나가야 하고 4학년 때는 방사선사 국가고시를 준비해야 하거든요. 그래서 마지막 방학을 어떻게 보내면 좋을지 생각하다 학교 홈페이지에서 어학연수 프로그램을 알게 되었어요. 마침 어학성적도 올려야 하고 해외여행도 가보고 싶었던 제게 안성맞춤이었죠. 큰 고민 없이 어학연수를 신청했어요. 여름엔 캐나다에 있을 거예요.

마지막 방학인데 학교생활 중에서 가장 좋았던 건 무엇인가요?

많은 친구와 두루 친해질 수 있어서 좋았어요. 캠퍼스가 넓고 주변에 놀러갈 곳이 많으면 몇몇 친구들끼리 친해져서 놀러 다니게 되잖아요. 강원대학교는 읍내에 있고 모든 학생이 기숙사에서 생활해서 같은 학과 학생뿐만 아니라 타 학과 학생들과도 사이가 굉장히 돈독해요. 음식점도 많지 않아서 가게 사장님들과도 안면이 쌓여 인심도 후하고요.

방사선학과에는 어떻게 오게 되었어요?

어릴 때부터 부모님께서 자녀들이 의사가 되길 바라셨어요. 부모님의 관심 덕인지 큰누나는 간호사, 작은누나는 치기공사가 되었어요. 저도 자연스레 의료 · 보건계열에 관심을 두게 되었죠. 의대에 진학할 정도로 성적이 좋지는 않았지만 가족들의 조언을 듣고 도움을 받으며 보건계열 진학을 꿈꿨어요. 간호학과, 물리치료학과, 임상병리학과, 방사선학과 등을 놓고 고민했는데, 방사선학과에 가장 진학하고 싶었어요. 중 · 고등학교 때부터 과학을 좋아하고 가장 잘했고요. 특히 물리를 좋아했는데 방사선학과가 물리학과 연관이 깊어서 매력을 느꼈죠.

방사선학과에서는 어떤 걸 배우는지 궁금해요.

일본에서 방사능 유출 사고가 일어난 이후, 방사선에 거부감을 느끼거나 피폭을 걱정하는 사람들이 많아요. 방사선은 잘 이용하면 득이 되지만 그렇지 못하면 큰 위험이 되죠. 때문에 방사선학과에서는 방사선 기기의 특성을 비롯해 기기 사용에 관한 전문 지식을 배우고 기술을 겸비하도록 훈련해요.

1~2학년 때는 방사물리학처럼 기초 과학지식을 배워요. 방사선의 성격을 아는 게 기본이고, 이외에도 해부학, 생리학, 병리학 등 의학 과목을 배우며 인체의 조직 및 구조를 이해해야 해요. 3~4학년 때는 방사선치료, 핵의학기술, 초음파영상, 자기공명영상MRI, 전산화단층촬영CT, 방사선계측 등 보다 전문적인 지식을 배우고 임상실습 경험을 쌓죠.

실습이나 과제는 많은 편인가요?

교수님마다 제각각이에요. 전문 분야라 인터넷 검색으로 수업 내용을 찾기 어려워서 개인과제보다는 조별과제를 하거나 토의 수업을 해요. 과제가 없으면 시험이 성적에 크게 반영되고요. 실습은 꽤 많아요. 실습을 통해 방사선사의 업무를 익히죠. 학교에 실제 병원과 같은 실습실이 마련되어 있어서, 전공 수업시간에는 그곳에서 실습을 해요. 3학년 2학기 겨울방학에 8주 동안 병원에서 실습을 하고요. 영상의학과, 핵의학과, 종양학과 등 방사선이 쓰이는 진료부에서 공부하면서 실제 환자를 대하는 방법도 배워요.

방사선학과에는 어떤 학생들이 많이 진학하나요?

많은 사람들이 방사선사는 남자라고 생각해요. 하지만 방사선학과에는 여학생이 남학생만큼 많아요. 또, 이과 출신만 뽑는 게 아니라 문과 출신도 진학할 수 있어요. 문이과 학생의 입학 비율은 반반 정도예요. 물리학과 관련이 깊어 이과 출신이 유리할 것이라 짐작하기 쉽지만, 의료법, 지역보건법 등 법학 지식을 포함해 문과 특성의 과목도 많이 배워요. 문과·이과 중 어떤 성향의 사람이 유리하다고 단정 짓기 어렵고, 문과 출신 학생들의 전공 성적이 우수한 경우도 많아요.

내년이면 방사선사 국가고시를 보겠네요. 필수 사항인지 궁금해요.

방사선사 국가고시에 합격해야 졸업을 할 수 있어요. 졸업 후 병원 방사선사로 취업하는 게 가장 일반적이라 자격증은 필수죠. 강원대학교는 물론 전국의 모든 학교 방사선학과 4학년 학생들이 국가고시를 봐야 해요. 방사선사 국가고시는 보건계열 국가고시 중 시험 과목이 가장 많고 합격률도 70% 정도로 낮은 편이에요. 4학년 때는 국가고시 준비에 전념해야 하죠. 시험에 불합격하면 1년 뒤에야 다시 시험을 볼 수 있어요.

진로 이야기가 나와서 말인데, 졸업 후 진로는 어떻게 되나요?

일반적으로 대학병원, 종합병원의 방사선사에 지원해요. 안정적인 보건직 국가공무원에도 많이들 지원하고요. 의학 연구소나 국내·외 방사선의료장비 및 의료기기 기업체에 취직하거나, 방사선의료기 교육자가 되기도 해요. 방사선사 면허 이외에도 다양한 자격증이 있어요. 방사성동위원소 취급자 일반면허RI, 방사선 취급 감독자 면허SRI 등을 취득하면 좀 더 넓은 분야로 진출할 수 있어요.

영석 씨는 자격증을 취득한 후 어디서 일하고 싶어요?

방사선 군무원이 되고 싶어요. 군무원은 군대에서 일하는 공무원이고, 여러 분야의 업무를 담당해요. 원래 목표는 서울 소재 대학병원의 방사선사였는데, 군무원이라는 직업을 접하고 목표가 바뀌었어요.

군대에 갔을 때 2년의 시간을 헛되이 보내고 싶지 않아서 특수병과 중 방사선 촬영병에 지원했어요. 운 좋게 규모가 큰 국군병원에 배치 받아 실제 방사선사처럼 일하게 되었어요. 남들보다 좀 일찍 진로를 체험한 셈이지요. 현역 군무원들과 함께 일하며 군무원의 전망에 대해 많이 들을 수 있었어요. 다른 진로에 비해 시험 경쟁률도 낮은 편이고 복리후생 제도가 잘 되어 있어서 일반 공무원보다도 많은 혜택을 받을 수 있어요. 또, 휴전국인 우리나라 특성상 군대에 전문성 있는 인력이 필요해서 전망도 밝은 편이에요.

입시 관련 질문이에요. 학생부교과 지역인재전형을 어떻게 준비했나요?

모의고사 성적이 낮은 편이어서 고등학교 1학년 때부터 정시가 아닌 수시에 전념했어요. 수시 전형을 찾아보다가 지역인재전형을 알게 되었고요.

학생부 성적과 수능 최저등급, 면접을 준비했어요. 학생부 성적은 중위권 정도, 수능 최저 등급은 2개 과목 합 9등급이 기준이었죠. 자신 있는 과목 인 영어와 수학 성적으로 기준은 쉽게 맞출 수 있었어요. 반면 면접은 굉장 히 많이 준비했죠. 학교에서 친구들과 모의면접 모임을 만들어서 해보고, 선생님들께 피드백도 받았어요. 면접 준비가 꽤 힘들었던 기억이 나네요.

지금은 사라졌지만, 지역인재전형은 2단계 면접이 20% 영향을 미쳤죠.

2학년 때까지는 내신 성적과 수능 최저 등급을 맞추기 위해 노력했어요. 3학년 초부터 면접 준비를 했고요. 강원대학교 홈페이지에 들어가 학교에 서 요구하는 인재상을 바탕으로 자기소개를 준비하고 예상 질문과 답변을 만들었어요. 모의면접으로 연습도 했고요.

면접 당일에 "10년 후에 자신의 모습이 어떨지 말해보세요."라는 질문 을 받았어요. 예상했던 질문이었고 답변도 미리 준비했었어요. 그런데 너 무 긴장한 나머지 준비해온 답변을 잊고 "빠르면 결혼을 해서 살고 있을 것 같습니다!"고 대답했어요. 다행히 면접관들이 모두 웃어서 분위기는 나 쁘지 않았어요. 저 스스로도 너무 황당한 답이라 아직도 기억에 남네요.

지역인재전형은 학생부 교과성적이 중요한데, 내신 관리 방법이 궁금해요.

저는 스스로 계획을 세워 혼자 공부하는 것을 좋아했어요. 하지만 부모 님은 학원을 다니길 바라서 고등학교 2학년 때까지는 국어·영어·수 학 학원을 다녔어요. 학원을 다니며 성적은 곧잘 나왔지만 지치고 힘들었 어요. 그래서 부모님을 설득해 집 앞 독서실을 다니기 시작했어요. 학교가 끝나면 곧장 독서실에 가 그날 공부할 계획을 세워 실천했고, 모르는 것 들은 체크해 두었다가 다음 날 학교에서 선생님들께 여쭈었어요. 스스로 노력하며 성적이 올랐고, 부모님께도 제 공부방법이 옳다는 걸 증명했죠. 혼자 공부하는 습관을 들인 게 지금까지 정말 많은 도움이 되고 있어요.

미래의 후배들에게 한마디?

만약 사교육에 의존하고 있다면 지금이라도 스스로 공부하는 방법을 터득했으면 좋겠어요. 중 · 고등학교 때와는 달리 대학교에서는 강의 내용에 집중해야 하고 매일 배운 내용을 복습하는 것은 물론, 예습까지도 해야 전문 내용을 이해할 수가 있거든요. 진인사대천명盡人事待天命이라는 말이 있어요. 인간으로서 해야 할 일을 다 하고 난 뒤 하늘의 명을 기다린다는 뜻이잖아요. 마지막인 것처럼 모든 노력을 쏟아 최선을 다하되, 원하는 결과가 나오지 않더라도 후회 없이 받아들이길 바랄게요.

전국 대학의 방사선학과

4년제 대학은 물론, 2 · 3 · 4년제 대학에도 개설되어 있습니다.

4년제 가야대, 가천대, 강원대, 건양대, 극동대, 남부대, 대구가톨릭대, 동서대, 동신대, 동의대, 부산가톨릭대, 신한대, 연세대, 을지대, 전주대, 청주대, 한국국제대, 한려대, 한서대

2 · 3 · 4년제 광양보건대, 광주보건대, 대구보건대, 대원대, 대전보건대, 동남보건대, 동의과학대, 마산대, 목포과학대, 백석문화대, 서라벌대, 서해대, 선린대, 송호대, 수성대, 신구대, 안산대, 원광보건대, 제주한라대, 춘해보건대, 충북보건과학대, 한림성심대, 호산대

08

모두의 건강
보건관리학과

무병장수는 모든 사람의 꿈.
수명이 늘어난들 건강하지 않다면
삶의 질이 떨어질 거예요.
아플 때 치료는 병원에서 받지만,
치료만큼 '예방'도 중요하죠.
좁게는 지역 단위부터,
넓게는 전 세계 인류의 건강을
관리하는 기관이 많습니다.

젊은 이들 못지않게 건강한 어르신을 볼 때마다 평균수명이 부쩍 늘어난 게 실감납니다. 불과 수십 년 전만 해도 장수를 하는 사람이 소수였는데 이제 대부분 장수를 누리고 있지요. 현대인의 건강이 이렇게 좋아진 것은 의학 발전의 공이 큽니다. 예전보다 의료 서비스에 접근하기도 좋아졌지요. 하지만 건강을 잃을 위험 요인도 늘어났습니다. 식생활 문제, 운동 부족, 각종 환경오염, 스트레스 등. 이와 같은 문제들은 개인의 노력만으로는 극복하기 어렵고 주변의 도움이 필요합니다. 보건학은 비슷한 문제로 고민하는 사람들을 돕습니다. 즉 생활환경에서 질병의 원인을 다각도로 찾아내고 이에 대한 예방책을 마련하는 학문입니다.

19세기 산업혁명을 전후로, 보건학은 치료 위주였던 의학을 질병 예방 쪽으로 전환하였지요. 이 시기에 여러 병원균이 발견되었고 백신 발명도 이루어졌는데, 보건학 역시 이에 힘입어 공중 단위로 확장됐습니다. 손 씻기부터 시작해 생활하수 처리 등 공중위생의 중요성이 널리 알려졌고 큰 전염병은 물론 자잘한 질병도 예방할 수 있게 됐지요.

이후 보건학은 질병 예방에 그치지 않고 사람들의 건강 증진을 목표로 삼게 되었습니다. 인류가 어느 정도 질병의 공포에서 벗어나면서, 사람들은 개인의 건강을 개인의 노력만으로는 지킬 수 없다는 것을 알게 되었죠. 또한 사회복지에 대한 인식이 높아져 의료보험, 공중보건의 필요성과 기대치도 높아졌지요. 지역 보건소나 병원, 정부 기관부터 민간단체, 보험회사, 각종 산업현장 등, 질병 관리가 필요한 모든 곳에 보건학이 요구됩니다.

어디서 일하느냐에 따라 직무가 다르지만 대체로 집단 단위의 사람들을 대상으로 보건교육, 상담 등을 실시합니다. 기본적으로 질병 관련 지식, 의학 용어에 대해 공부하는데, 의학과는 차이가 있습니다. 의학은 질병이 인체의 생명활동에 미치는 영향을 살피지만 보건은 사회적 동물로서의 인간과 질병의 상관관계에 초점을 둡니다. 따라서 질병 발생의 원인에 사회과학적으로 접근하지요. 건강 문제는 사회 구성원의 특성에 따라 다르게 나타납니다. 성별, 직업, 지역, 소득 수준별로 건강 수준이나 질병 양상, 의료서비스 접근 기회도 달라지지요.

집단의 건강을 관리하는 일은 복잡합니다. 집단, 구성원마다 접근방법을 달리해야 하고, 여러 의료 · 보건계열 관련 종사자 간 이해관계도 복잡하지요. 그럼에도 공중보건의 범위가 계속 확장될 수 있는 건 건강이 사람다운 삶의 필수 조건이기 때문입니다. 많은 사람이 건강한 사회가 되어야 나도 건강할 수 있거든요.

남을 돕고 싶은 내게 최고의 전공

삼육대학교 보건관리학과 16학번 **김나연**

어떤 계기로 보건관리학과에 오게 되었나요?

어릴 때부터 누군가에게 도움을 줄 수 있는 사람이 되고 싶었어요. 원래 영어 공부를 좋아해서 영문학과나 사회복지학과에 진학하고 싶었는데, 부모님께서 취업에 좀 더 유리한 교차지원을 권유했어요. 고민을 하다 외국어 능력과 사회복지 모두를 실현할 수 있는 '국제기구'를 떠올렸고, 국제보건 분야에 대해 알게 됐죠. 일단 '보건'이 들어가는 학과에 들어가려 했어요. 단순한 선택이었지만 지금 생각해보면 탁월한 선택이었어요.

학과 분위기도 좋고, 동기들끼리 단합도 잘 돼요. 서울에 있는 4년제 대학교 중 보건관리학과는 몇 개 안 되는데, 이게 가장 큰 장점이죠.

삼육대는 기독교 계열 학교로 유명한데, 독특한 점은?

검색 포털에 '삼육대'라고 검색하면 연관검색어로 '삼육대 종교'가 나와요. 그래서 삼육대 입학을 망설이는 친구들이 많아요. 저도 입학 전에 많이 걱정했는데 4년간 다녀보니 좋은 점이 더 많아요. 학식에 돼지고기가 나오지 않는 게 특이한데, 돼지고기 없이도 맛있는 메뉴들이 많죠. 저는 치즈돌솥비빔밥, 샐러드를 자주 먹어요. 그리고 다른 학교에 비해 학생들의 건강을 많이 생각해요. 교내 흡연, 음주를 금지하는 덕분에 캠퍼스가 깨끗하고 공기가 좋아서 오히려 마음에 들어요.

보건관리학과에서는 어떤 걸 공부하나요?

보건관리학과는 개인과 사회의 건강 증진과 삶의 질 향상을 위해 보건학 및 행정지식을 공부해요. 1학년 때 보건학개론을 통해 보건학이 무엇인지 전반적으로 공부해요. 인간의 신체와 심리를 탐구하는 해부생리학, 심리학개론, 건강상담학 등도요. 이를 기반으로 2학년 때 보건교육이란 무엇인지, 어떤 내용을 어떻게 전달해야 하는지와 함께 보건 프로그램 개발 및 평가 과정 등을 공부하죠. 3학년 때는 보건 프로그램을 직접 기획하고 수행해 볼 기회도 있고요. 또 환자의 진료기록 등을 관리하는 보건의료정보관리사도 양성하는데, 병원 행정 시스템이나 의학용어, 의무기록 실무 등도 배워요. 무엇보다 요즘은 데이터 수집·분석·활용 능력이 중요하잖아요. 그래서 통계 프로그램인 SPSS나 R프로그램 수업이 강화되는 추세예요.

문·이과 특성이 골고루 있군요. 보건관리학과는 자연계열로 분류되어 있는데, 교차지원도 가능한가요?

네. 저도 문과 출신이고, 동기 중에도 이과 출신이 생각보다 별로 없어요. 학과 교육과정에도 문과와 이과 특성이 골고루 섞여 있고요. 이과 특성이 강한 과목은 해부생리학, 병리학, 보건통계학, 역학 등이에요. 이과 친구들에게 유리할 것 같지만 마냥 그렇지는 않아요. 저는 해부생리학,

병리학은 생소해서 공부하기 어려웠어요. 반면에 보건통계학은 통계 관련 지식이 부족하고 수학을 잘 하지 못해도, 수업 내용과 SPSS 실습만 잘 따라가면 무리가 없었어요. 역학의 경우에는 수업을 잘 듣고 몇 가지 공식만 암기하면 재미있게 공부할 수 있어요. 저도 처음엔 자연계열 과목이 많아 걱정했지만, 수업 때 열심히 듣고 바로 복습하고, 모르는 내용은 교수님들께 물어가며 공부하다 보니 좋은 성적이 나왔어요. 문과 학생들도 충분히 따라갈 수 있으니 걱정하지 마세요!

전공수업 외에도 필수과목 중에 독특한 과목들이 있던데….

우리 학교는 인성교육을 중요시해서, 다른 학교에는 없는 독특한 필수과목이 많아요. 1학년 1학기에는 MVP+ 교육을 이수해야 해요. MVP는 학교 인재상인 'MISSION, VISION, PASSION'의 약자로, 이를 실천하기 위한 활동이에요. 입학 전에 학교에서 MVP 캠프를 하는데, 이때 여러 학과 친구들과 함께 지내게 돼요. 캠프 참여가 필수는 아니지만 여러 학과 친구들을 만날 수 있는 기회라 참가하는 게 좋아요. 학기 중엔 학과 교수님들, 동기들과 함께 MVP+ 프로그램에 무조건 참가해야 해요. 학기 초에 이 프로그램을 통해서 교수님들과 동기들 사이의 어색함을 풀어줘서 좋았어요. 그리고 1학년 1학기나 2학기에 노작교육을 받아요. 한 학기 동안 학교 정문 건너편 노작 실습실에서 직접 작물을 키우는 수업이에요. 수확해서 가져갈 수도 있고요. 제가 키운 상추를 집에 가져가 삼겹살과 함께 먹은 기억이 나요. 그리고 2학년 2학기까지 매 학기마다 인성 과목이 필수고, 졸업 전까지 한 개의 인성 영역 과목을 더 들어야 해요. 총 5개의 인성 과목이 필수인 셈이죠. 종교적인 내용과 기본 교양이 주 내용이에요.

4학년 때 실습에서는 어떤 걸 배우나요?

4학년 1학기 때 '보건교육 및 중독 실습'을 배워요. 모두 실습을 꼭 해야하는 건 아니지만, 국가고시인 보건교육사에 응시하려면 꼭 이수해야해요. 또 연계전공 필수과목이라서 대부분이 이수해요. 실습 장소는 3학년 2학기 겨울방학 때 2주간 담당 교수님이 지정한 기관 중 선택할 수 있어요.

저는 다양한 경험을 하고 싶어서 담당 교수님께 양해를 구해 삼육서울병원과 진병원에서 두 번 실습을 했어요. 삼육서울병원에서는 금연학교 프로그램과 웃음치료 프로그램 진행 및 보조 담당이었어요. 청소년을 위한 금연학교인데 '습관 바꾸기'를 주제로 강의도 했어요. 다른 실습 선생님들과 함께 퀴즈나 빙고 등 금연과 웃음치료를 위한 재미있는 프로그램을 진행하기도 했고요. 처음으로 학교 밖에서 보건 프로그램을 진행할 수 있어서 참 유익했어요. 동기들과도 더욱 돈독해질 수 있었고요.

진병원에서는 술, 담배에 중독된 환자 대상으로 교육과 상담을 진행했어요. 저는 중독연계전공에서 중독심리전공자였기 때문에 알코올 중독 환자를 상담했어요. 처음엔 어떻게 해야 할지 몰라 고민이 많았죠. 상담 초반엔 환자분이 마음을 열지 않아 어렵기도 했는데 일단 자주 찾아뵈었어요. 같이 종이접기, 큐브도 하고 점심식사 때 곁에 있으면서 이야기를 나누다보니 환자분이 점차 마음을 열었죠. 제게 초코파이나 사탕, 커피를 주시기도 했어요. 상담 진행 내내 환자분의 이야기에 마음이 아팠고 해줄 수 있는 게 없어 답답하기도 했어요. 감정적으로 힘들었지만 함께 시간을 보내면서 힘을 얻을 때도 있었어요. 처음 해보는 상담이라 많이 서툴고 부족해 막막했는데, 잘 협조해준 환자분에게 정말 감사해요.

중독연계전공에 대해 설명해주세요.

중독연계전공은 상담심리학과, 보건관리학과, 물리치료학과, 간호학과, 약학과가 공동으로 운영하는 연계전공이에요. 2학년 1학기 이후 중독연계전공을 신청할 수 있어요. 세부전공은 '중독심리전공' '중독재활전공' '건강운동학전공' 세 가지 중에서 고를 수 있어요. 중독심리전공은 중독에 대한 이해와 중독상담, 중독평가에 대한 내용을 다루고, 중독재활전공은 약리학, 중독평가, 중독치료 및 재활 등에 대한 걸 다뤄요. 건강운동학전공은 최근 신설됐는데, 신체활동 분야에 특화된 전공으로 건강운동관리사로서 갖춰야 할 소양에 대해 배워요.

곧 졸업이네요. 진로에 대한 고민이 많겠네요.

네, 1학년 때부터 앞으로 뭘 할지 계속 고민하면서 대략적인 방향은 잡았어요. 제가 좋아하는 것과 잘 할 수 있는 것 모두를 충족하는 일을 찾아다녔고, 저의 강점, 잠재력을 알아보려 대외활동이나 봉사활동, 동아리 등 다양한 활동을 했어요. 교수님, 선배들을 보면서 여러 분야로 진출할 수 있다는 걸 알았고, 전공을 살려 제 가치관과 맞는 일을 할 수 있을 거란 희망이 생겼어요. 그래서 보건학 전공을 살려, 지역 사회부터 시작해 국가와 전 세계 건강불평등을 해소하는 데 기여하고 싶어요. 전공 공부를 더 해야겠다는 생각이 들면 나중에라도 대학원에 진학하려고요. 최종적으로 보건학 분야에서 최고 전문가가 되고 싶어요.

졸업하면 어디서 일하게 되나요?

진로가 정말 다양해요. 많은 선배님이 병원 원무과, 보험 회사, 한국건강증진개발원, 대학병원 의무기록실, 건강보험공단, 안전보건공단, 코이

카 등 다양한 곳에서 활동 중이에요. 서울대나 연세대 등 타 대학 보건대학원에 진학한 분도 있고, 교수가 된 분도 있어요. 제 동기들은 공공기관이나 보건복지부 산하기관처럼 안정적인 직업을 더 선호해요. 보건의료정보관리사 자격을 취득해 병원에서 근무하겠다는 친구들도 있고요. 물론 저처럼 나중에 대학원에 진학하겠다는 친구도 있어요.

입시 질문을 해볼게요. 정시 전형으로 입학했어요.

지금 입시 전형은 제가 입학했을 때와 많이 달라졌을 거예요. 우선 제가 입학할 땐 한국사가 필수과목이 아니었어요. 영어도 절대평가가 아니었고요. 그리고 당시엔 국수외탐 4영역 중 3영역을 반영했던 걸로 기억해요. 국어를 망친 제겐 유리한 전형이었죠.

수능은 어떻게 준비했나요?

저는 수능을 두 번 치렀어요. 현역 때는 별 전략 없이 공부했는데, 재수할 때는 전략적으로 공부했어요. 공부 계획을 세우고, 자투리 시간을 악착같이 활용했어요. 국어가 가장 점수가 안 오르는 과목이라 시간을 가장 많이 할애했어요. 매일 아침 비문학을 풀고, 지문 분석을 했어요. 문제를 풀 때는 항상 답의 근거를 찾으면서 이게 왜 정답인지, 다른 것들은 왜 정답이 아닌지를 분석하면서 풀었고요. 문학은 EBS 인강을 들으며 복습하고 주제가 비슷한 작품들끼리 엮어서 공부했던 것 같아요. 문법은 중요한 것들을 모조리 암기했죠.

수학은 문과로 응시했어요. 수학도 자신 없었지만, 모의고사에서는 생각보다 등급이 괜찮게 나왔어요. 기출만 제대로 풀어도 높은 등급을 받을 수 있었죠. 수학 문제를 풀다보면 결국 안 풀리는 문제가 있잖아요. 그런

문제들은 남겨뒀다가 나중에 풀릴 때까지 다시 풀었어요. 그래도 끝까지 안 풀리는 건 선생님께 질문하거나 답지를 봤고요. 영어는 EBS 연계율이 가장 높은 과목이라 EBS 문제만 주욱 풀었어요.

탐구는 사회문화, 생활과 윤리를 선택했는데, 이지영 선생님 강의를 많이 들었어요. 탐구 과목은 주요 과목보다는 반영 비율이 적어 상대적으로 시간을 적게 투자하는 경우가 많은데, 선생님 강의가 너무 좋아서 시간을 꽤 많이 투자했어요.

9월 말부터 10월쯤부터는 모든 과목의 기출문제를 시간 재면서 풀었고 취약한 부분을 찾아가며 공부했던 기억이 나요. 정말 열심히 공부했는데, 가끔은 그때의 열정이 그리워요.

다른 학교에도 보건계열로 지원했나요?

다른 곳에는 영문학과와 정보통신공학과에 지원했는데, 이 중 정보통신공학과에 합격했어요.

미래의 후배들에게 한마디?

공부하느라 많이 힘들죠? 저도 수능 준비하면서 힘들었는데, 지금 와서 생각해보면 좋은 추억이에요. 수능 준비에서 가장 중요한 건 '나' 자신을 믿는 거라고 생각해요. 스스로를 믿고 마지막까지 최선을 다하다 보면 원하는 결과를 얻을 수 있을 거예요!

보건학은 끊임없이 공부해야 하는 학문이지만, 그만큼 매력 있는 학문이라고 생각해요. 혹시 보건계열에 관심 있다면 삼육대학교 보건관리학과로 오세요. 모두들 힘내요, 파이팅!!!

전국 대학의 보건관리계열 학과

보건관리학과는 4년제 및 2·3년제에 다양한 명칭으로 개설되어 있습니다.

4년제
고려대(보건정책관리학부), 광주대(의료관리전공), 경동대(보건관리학과), 계명대(공중보건학전공), 고신대(보건환경학부), 대구가톨릭대(산업보건학전공), 대구한의대(보건학부), 동덕여대(보건관리학과), 동명대(복지건강학부), 동서대(보건의료계열), 부산가톨릭대(산업보건학과), 삼육대(보건관리학과), 서울과학기술대(헬스케어학과), 위덕대(보건관리학과), 을지대(보건환경안전학과), 이화여대(융합보건학과), 인제대(보건관리학과), 전주대(보건관리학과), 협성대(보건관리학과)

2·3년제
경복대(의료복지학과), 경북과학대(재활보건관리과), 경인여대(보건의료관리과), 계명문화대(보건학부), 김포대(보건복지과), 대구과학대(의무행정과), 동강대(보건의료관리과), 동원대(보건건강운동관리과)

09

산업환경의 지휘자
산업공학과

일할 땐 어떻게 해야 하나요? 잘 해야죠.
그런데 어떻게 해야 잘 하는 걸까요?
'잘'이라는 뜻을 좀 더 풀자면 '시간과 노력은
최대한 적게, 완성도는 최대한 높게'일 겁니다.
말이야 쉽지만 이게 가능하냐고요? 물론이죠.
오늘 소개하는 산업공학과는 바로 이 '잘'을
여러 일터에서 현실로 만드는 전공입니다.

공학은 기계, 건축 등 직접 볼 수 있는 물체나, 전기처럼 눈으로 볼 수 없어도 분명히 존재한다고 알려진 힘을 다룹니다. 반면 산업공학은 보이지 않는 데다 더욱 추상적인 개념을 다룹니다. 산업현장 전반의 효율성, 쉽게 말해 일을 잘 하는 방법을 연구하는 학문이랍니다.

일을 잘 한다는 것. 시장에서는 좋은 제품과 질 좋은 서비스로 고객을 만족시키는 걸 뜻합니다. 여기에 더해 경제적 효율성, 즉 시간, 돈 등 모든 비용을 최소한으로 들여야 한다는 조건이 붙지요. 물론 절대적인 수치가 아니라 '높은 완성도를 뽑아낼 수 있는 가장 적은 양'이 되겠죠.

물건을 파는 가게에선 재고가 너무 많거나 없으면 손해가 되겠죠? 손해가 나지 않을 만큼의 재고량이 '최소한'의 재고량이 됩니다. 이 '최소한'을 예측하는 수학식이 간단하지는 않죠. 다른 공학과 마찬가지로 미적분, 통계 등 높은 수준의 수학 지식이 필수라고 해요.

수학적 지식에 더해 사람, 재화나 서비스의 생산과정, 여러 산업 환경 등 각각의 산업 요소부터 산업 트렌드, 더 나아가 산업 전체 시스템을 공학적으로 배웁니다. 한편 경영학의 하위 과목과 상당 부분 겹칩니다. 특히 생산·운영관리와 경영과학과는 종이 한 장 차이라네요. 학문적 스펙트럼도 넓어 다른 학문과 연결될 여지가 많지요. 최근 산업환경에서 IT기술 및 빅데이터의 중요성이 커진 만큼 컴퓨터공학의 연계 비중이 높아지고 있답니다.

그렇다면 산업 시스템을 아는 게 어떻게 실제 현장에서 효율성을 올릴까요? 여러 산업 요소를 적재적소에 배치하고 협업을 이끌어 최적의 업무상태를 만들어주는 것입니다. 오케스트라의 지휘자의 역할과 같습니다. 전체 숲을 바라볼 수 있는 거시적인 시각, 그리고 합리적 의사결정을 지원하는 능력은 기업을 이끄는 CEO에게 가장 필요한 능력이지요. 실제 CEO들의 출신 학과를 보면 산업공학과가 많다고 합니다.

산업공학의 출발은 노동자들의 불필요한 장시간 노동을 줄이고 업무상의 각종 불편을 줄이기 위한 연구였지요. 산업공학이 추구하는 효율에는 당장의 편리함, 저비용, 고품질만 있는 건 아닙니다. 생산자와 소비자, 또 업체 간 상생을 모색하는 것, 자연 환경을 지키는 것 등도 길게 보면 효율의 추구랍니다. 결국 산업공학은 오늘보다 더 나은 내일을 만들어내려는 마음을 담은 학문입니다.

불필요는 줄이고 편리함은 두 배로

부산대학교 산업공학과 13학번 **한광욱**

이 전공을 선택한 이유는?

중·고등학교 때부터 발명에 관심이 많았고, 생활 속의 여러 불편함을 개선할 수 있는 아이디어를 떠올리길 좋아했어요. 더 나아가 그 아이디어를 사업으로 연결하고 싶었어요. 돈이 부족하단 이유로 재능을 펼칠 수 없는 사람들을 제 손으로 돕고 싶기도 했고요.

CEO가 되고 싶어 처음엔 경영학과를 지망했는데, 이과 과목이 적성에 맞아 '공대의 경영학과'로 불리는 산업공학과로 눈을 돌리게 되었어요. 수시에선 지원 가능한 여섯 군데 중 네 군데를 산업공학과에 냈고요.

부산대학교를 택한 이유는?

학교 자체도 우수하지만 특히 산업공학과 순위평가에서 늘 상위권을 놓치지 않을 만큼 저명하신 교수님도 많고, 국가지원사업도 많아 장학금 혜택도 많았어요.

CEO를 많이 배출하는 학과로 유명하죠.

과목 적용범위가 넓다 보니 경영 말고도 다양한 분야로 진출하는 거 같아요. 부산 지역이 워낙 물류, 항만 등이 발달해 있어 졸업 후 물류, 재고관리나 품질관리, 생산관리 쪽으로 많이들 진출하는 편이에요. 이중 정보시스템 책임자CIO, 기술 최고 책임자CTO 출신이 CEO에 많이 오른다고 들었는데, 저도 생산관리와 정보 분야를 열심히 공부해야겠어요.

산업공학에 어떤 분야가 있나요?

산업공학은 최소한의 투자로 최대한의 이익을 얻기 위해 일의 효율성을 높이는 방안을 찾아요. 이를 위한 실천방안으로는 불필요한 비용을 줄이거나, 생산량을 늘리거나, 불량률을 낮추는 것 등이 있죠. 그래서 통계학이 기본이 돼요. 세부적으로는 생산계획 및 통제, 제조 자동화, 품질관리, 물류관리 등을 주로 다루고, 경제성 공학, 공학경영 등 회계처리나 기업을 분석하는 과목도 있어요. 요즘은 모든 정보를 데이터로 만드니까 데이터베이스 등 IT분야도 함께 배워요. 빅데이터도 관심 있는 분야고요.

한꺼번에 여러 과목을 얕게 다루다 보니 이해 속도가 빠르고 적응력이 좋은 친구들에게 유리한 거 같아요. 그리고 배운 걸 어떻게 적용하느냐에 따라 활용 가치가 달라지니, 번뜩이는 창의력을 가진 친구들에게도 좋겠네요.

경영과 공학, 팀 과제가 많은 건 똑같네요.

유독 2학기에 많더라고요. 지난 학기에 팀 과제를 4개나 했어요. 팀별로 인원이 겹치지 않아 총 16명의 사람들과 과제를 함께 한 셈이죠. 팀원들과 모이는 시간 맞추는 것조차 어려웠어요.

그래도 모두 같은 학과고, 같은 목표를 갖고 있어 역할 분담도 능동적으로 하는 등 서로 조금씩 배려하는 게 가능했어요. 팀워크가 가장 좋았던 과제는 제품 개발 과제로, 제작, 보고서 작성 등 역할 분담이 효율적이었어요. 실험과 수정, 발표준비 마무리 등 다같이 하는 부분도 협동이 잘 되었고요.

전공을 설명하는데 효율이라는 말이 자주 등장하네요.

효율이라고 하면 왠지 거창한 말 같지만, 실은 불편한 걸 어떻게 고쳐야 할지 생각하는 거예요. 가령 책상에 내 손이 좀 더 많이 가는 곳에 자주 쓰는 물건을 두는 것이나, 하루 일정을 짤 때 어디를 먼저 가고 어떤 일부터 해야 시간이 적게 걸릴지 고려하는 것. 외출 전 빨래와 청소, 샤워 등을 할 때는 빨래를 돌려놓고 청소를 한 뒤, 샤워 후 빨래 널고 외출 나가는 순으로 동선을 정하는 일 등. 생활 속 사소한 것이라도 더 편하게 고치는 것이야말로 산업공학의 본질이라고 생각해요.

입시 얘기를 할게요. 고교생활우수자전형은 입학사정관제 전형 중 서류 100%인 전형이던데.

입학사정관제를 처음부터 준비한 건 아니었어요. 학년이 올라갈수록 내신이 떨어지는 추세여서 좀 부끄럽네요. 약 2.6정도? 하지만 고교생활우수자 전형은 서류 100%라도 내신성적만 보는 게 아니라 자기소개서, 에세이, 수능최저기준 등도 평가했어요.

굳이 공부 방법을 얘기하자면, 내신은 수업시간에 집중하고 선생님들이 주신 자료를 많이 참고한 정도? 시험 기간에는 해당 범위에 집중! 수능은 기출문제를 많이 풀어보고 모르는 부분은 학교 선생님들께 질문 했어요. 수리영역은 간단한 문제라도 계산과정을 꼭 적었고요.

자소서도 중요할 텐데 특별히 신경 쓴 부분은?

질문은 다섯 문항이었어요. 고등학교 생활 중 기억에 남은 일, 지원 학과에서 나를 선발해야 할 이유, 새로운 도전이나 어려움 극복사례, 타인을 배려한 일이 내게 미친 영향, 나에게 영향을 준 책 한 권. 없는 이야기를 꾸며내거나 내 자랑을 내세울 수 있는 항목은 아니었죠.

이야기를 지어내지 말고, 그냥 학교생활 중에 실제로 겪었던 평범한 일, 제 생각을 있는 그대로 솔직 담백하게 쓰기로 했죠. 그런 의도가 자소서에 잘 전해진 것 같아요.

지금은 없어졌지만 평가항목에 에세이도 있었어요. 자소서와 어떻게 다른가요?

자소서가 질문을 통해 절 평가한다면, 에세이는 그냥 제 이야기를 들어준다는 느낌? 당시 질문이 '30년 후의 내 모습'이었는데, 다행히 제가 평소 자주 생각했던 것들을 묻고 있어 5~10년 단위로 꽤 구체적으로 작성할 수 있었어요. 몇 살 때는 무엇을 하고, 몇 살 쯤엔 이런 모습이 되어 있을 것이다 등. 평소 미래의 제 모습에 대해 상상해 보는 걸 즐겼기 때문에 세세한 부분까지 작성할 수 있었던 거 같아요.

시험을 위해 작성하긴 했지만, 평소에 막연히 생각만 했던 걸 글로 써 내려가다 보니 더욱 구체적인 미래계획을 떠올릴 수 있었고, 실천 의지도 더 강해진 거 같네요.^^

에세이를 학교에 가서 작성하는 것도 특이한데, 별도의 대비를 하셨나요?

아뇨, 에세이 기출문제를 살펴봤지만 문항 간 연관성을 찾을 수 없었어요. 그래서 에세이 준비할 시간에 수능준비를 하는 편이 낫다고 생각하고 마음을 비웠죠. 답안을 작성할 땐 문단별로 담고 싶은 핵심 내용을 정리한 뒤 하나의 글로 이어서 완성했어요.

대학에 직접 가서 에세이를 쓰자니 싱숭생숭했는데, 막상 당일엔 왠지 '내 학교'가 될 것 같은 자신감이 생겨 기분 좋게 작성했던 거 같아요. 가끔은 마음을 비우는 게 오히려 좋은 결과로 이어질 수 있으니 입시에 너무 부담감 갖지 않으셨으면!

그 밖에 준비한 비교과 활동이 있나요?

딱히 자신 있게 내세울 만한 활동은 없고, 많이 한 걸 들자면 봉사활동이에요. 입시를 위해 한 건 아니었죠. 정해진 봉사 시간을 채운 것 외에, 할아버지께서 입원해 계시던 요양병원에 친구들과 정기적으로 봉사활동을 다녔어요.

미래의 후배들에게 하고 싶은 말?

입시가 경쟁이긴 해도, 주변에 함께하는 사람들과는 서로 돕고 즐겁게 지내시길 바라요. 또 너무 스트레스 받지 않았으면 좋겠어요. 제 경험상 즐거울 때 뭐든 잘 되더라고요! 다들 새내기로 만나기를 기대할게요.

전국 4년제 대학의 산업공학과

산업공학과는 대부분 학과 단위로 개설되어 있습니다. 같은 산업공학을 배우더라도 학교별로 관점에 따라 학과명은 조금씩 달라지며, 캠퍼스가 복수일 경우 서로 다른 명칭으로 하나씩 개설되기도 합니다.

서울 고려대(산업경영공학부), 건국대, 동국대(산업시스템공학과), 서경대(산업경영시스템공학과), 서울과학기술대(글로벌융합산업공학과), 서울대, 성균관대(시스템경영공학과), 숭실대(산업 · 정보시스템공학과), 연세대, 한성대(스마트경영공학부), 한양대, 홍익대

경기 · 인천 가천대(산업경영공학과), 강남대(산업경영공학전공), 경기대(산업경영공학전공), 경희대(산업경영공학과), 대진대(산업경영공학과), 명지대(산업경영공학과), 성결대(산업경영공학과), 수원대(산업공학전공), 아주대, 인천대(산업경영공학과), 인하대(산업경영공학과), 한국외대(산업경영공학과), 한양대(산업경영공학과)

강원 강릉원주대(산업경영공학과), 강원대(산업공학전공)

대전 · 세종 · 충청 공주대(산업시스템공학과), 남서울대(산업경영공학과), 단국대, 상명대(경영공학과), 청주대, 한국과학기술원(산업및시스템공학과), 한국교통대(산업경영공학전공), 한남대(산업경영공학과), 한밭대(산업경영공학과)

광주 · 전라 동신대(에너지시스템경영공학전공), 전남대, 전북대(산업정보시스템공학과), 전주대, 조선대

대구 · 부산 · 경상 경상대(산업시스템공학부), 경성대(산업경영공학과), 계명대, 금오공대, 대구대(융합산업공학과), 동아대(산업경영공학과), 동의대(산업융합시스템공학부), 부경대(시스템경영공학부), 부산대, 울산과학기술원(경영공학부), 울산대(산업경영공학부), 인제대(산업경영공학과), 창원대(산업시스템공학과), 포항공대(산업경영공학과)

10

기본과 완벽
수학과

인류 문명이 한 단계 진화할 때마다 함께했던
수학과의 매력을 알아봅시다.

수학

수학은 단시간에 정복할 수 있는 학문은 아닙니다. 난이도는 둘째 치고, '재미없다'는 오해가 깊게 자리하고 있죠. 하지만 일상에서 빼놓을 수 없는 것이 수학입니다. 그것도 우리가 정말 좋아하는 예술과 긴밀한 관계에 있습니다.

수학과 음악, 수학과 미술의 관계는 역사 속에서 이미 많은 사람이 증명했습니다. 미술에서 가장 먼저 배우는 도형과 비례의 원리는 모두 기하학에서 왔습니다. 음표의 개수, 박자, 반올림, 반내림…. 피타고라스나 유클리드 같은 수학자가 음악 이론에 기여한 것은 우연이 아닙니다.

수학과에선 무엇을 배울까요? 계산보다는 계산식이 어떤 과정에서 나왔고, 왜 그렇게 되는지 그 이유를 증명하는 걸 배웁니다. 또 수학과에서 필요로 하는 재능은 예술학도들에게 필요한 것과 겹칩니다. 아름다움을 추구하는 심미안, 보이지 않는 것을 상상하는 창의력, 결과를 내놓기까지 오랜 작업시간을 견딜 인내심과 지구력. 물론 선천적 재능보다 노력이 더 중요한 것도 똑같습니다.

수학은 기초학문 중에서 순수성이 가장 높습니다. 범위도 방대하고, 물리학, 공학 등 수학공식을 필요로 하는 다른 과목과도 비슷해보이지만 다릅니다. 물리학, 공학은 계산식을 '빌리는' 거지 논리 전개 방식은 정반대이기 때문입니다. 수학과 과목을 배우고 나면 다른 학문에서 응용하는 수학이 상대적으로 쉽게 느껴진다고 합니다.

순수학문이라 하여 취업에 불리하다고 생각하기 쉽지만, 다른 응용학문을 복수전공으로 선택하기 쉽다는 장점이 있어 진로의 폭을 넓힐 수 있습니다. 물론 수학과로 대학원에 진학하는 경우도 많으며, 교직으로도 나아갈 수 있습니다.

수학은 인류의 탄생부터 인간과 함께했다 해도 과언이 아닙니다. 고대 그리스 시대의 수학적 발견을 종교의 뒤편에 미뤄놓았던 중세 유럽의 문명은, 동방 세계를 통해 수학을 다시 접하고 나서야 기나긴 정체에서 벗어날 수 있었죠. 수학이 그려낼 다음 상상력이 궁금해집니다.

수학의 본질은 정의〉계산

부산대학교 수학과 15학번 **강예리**

수학과에 온 이유는?

중학교 때부터 가장 좋아하는 과목이었어요. 좋아하고 잘하는 과목인 만큼 더 자세히 배우고 싶어 수학과에 오게 됐어요. 고향이 제주도인데, 친구들도 그렇고 저도 다른 지역의 대학에 가고 싶었어요. 이왕이면 큰 도시로 가고 싶었는데, 서울은 복잡할 것 같았고 부산의 부산대가 마음에 들었어요. 교수님 강의도 좋고, 친절한 선배도 많아 학교 다니는 게 즐겁습니다.

수학의 매력은 무엇인가요?

답이 딱 떨어지는 점. '논하시오'나 '생각해보시오' 같은 추상적인 질문은 어떻게 답을 해야 할지 모르겠어요. 반면 수학은 답이 정해져 있죠. 답까지 찾아가는 그 과정이 가장 매력 있다고 생각합니다.

중고등학생 때도 수학과 관련된 활동을 찾아 했어요. 매년 제주수학축전에 참여했고 수학 관련 UCC 만들기 대회도 나갔죠. 교내 수학경시대회에서 여러 번 상도 탔고, 2학년 때는 교내 수학동아리를 만들기도 했고요.

수학과라고 하면 주변 반응이 어떤가요?

다들 놀라더라고요. "수학이 정말 좋아요?"라거나 "학교 다닐 때 공부만 했나 보네" "계산 잘 하겠다" 등. 수학이라는 학문에 호불호가 있어 그런가 봐요. 계산을 잘할 거란 생각은 오해랍니다. 수학과에서 배우는 건 수학이론을 논리적으로 증명하는 것들이 대부분이고, 계산문제는 공학이 더 많아요.

수학을 별로 좋아하지 않는다면 수학을 잘하는 사람에게 어떤 편견이 있을지도 모르겠어요. 하지만 다른 학교는 몰라도 부산대에선 수학과가 제일 잘 놀기로 유명하답니다.

학과 분위기가 그렇게 좋은가요?

놀 땐 제대로 놀고 공부할 땐 집중해서 하는 분위기예요. 시험기간에는 이른 아침부터 밤늦게까지 강의실이 학생들로 차 있어요. 시험기간 제외하고 한 달에 한두 번씩 학과행사가 있는데 다들 잘 놀더라고요. 물론 선후배 사이도 좋답니다. 모르는 게 있을 때 서로 편하게 물어볼 수 있고, 함께 스터디를 하기도 해요.

수학교육과와 어떻게 다른지 궁금해요.

수학과라 하면 "수학선생님 하려고요?"라는 질문이 정말 많아요. 배우는 게 크게 차이 나진 않지만, 수학과가 수학이론을 공부하는 데라면, 수학교육과는 수학교사를 양성하는 곳으로 궁극적으로는 임용고시를 목표로 하죠.

심화전공을 선택하지 않으면 복수전공이나 부전공, 교직이수 셋 중 하나는 해야 한다고 하던데.

대학원에 진학해 전공 공부를 더 하는 학생이 가장 많아요. 부전공이나 복수전공을 선택하는 친구는 3분의 1 정도? 경영학과나 경제학과 수업이 가장 인기가 많아요. 대부분 금융이나 보험 쪽으로 진로를 정하거든요. 보험회계사, 보험관리사, 금융자산운용사 등등. 교직이수는 1학년 전체 평점을 기준으로, 성적과 면접으로 선발돼요. 학과에 한 학년이 50명 정도인데 이중 상위 4명만 뽑는 만큼 경쟁이 치열하죠.

수학교사가 되고 싶다고 했는데, 어떤 선생님이 되고 싶나요?

수학과에 '한울타리'라는 봉사동아리가 있어요. 처음에는 그냥 좋은 일을 해보려 시작했는데요, 중학생 아이들이 제가 가르쳐준 내용으로 공부하고 알아가는 모습을 보면서 큰 행복을 느꼈어요. 동아리 활동으로 내가 좋아하는 수학을 할 수 있었던 건 물론, 내가 쌓은 지식을 다른 사람들과 나누며 보람까지 느낄 수 있었죠. 때로는 말 안 듣는 친구들도 있어 아이들을 책임지는 입장에서 상처도 많이 받았지만, 이 친구들이 비난받지 않게 이끌어 주는 것도 제 역할이라고 생각하니 받아들이게 되더라고요. 저보다 어리지만 어려운 환경에서도 밝은 모습으로 자라는 아이들을 보면서 아이들에게도 배울 수 있는 건 배우는 교사가 되자고 생각했죠.

3학년이라 이제 임용고시 준비를 해야 하는데 지금 전공과목이 어려워 따로 시험 준비를 하지 못해 걱정이에요.

정시전형으로 입학했죠?

사실 정시로 대학에 진학할 거라고는 상상도 못 했어요. 1학년 때 내신

성적이 좋아서 학생부종합전형을 목표로 준비했거든요. 그런데 2학년 때부터 내신이 많이 떨어졌어요. 여러 과외 활동으로 생활기록부를 채워놨지만 수시전형에서 내신이라는 높은 벽에 부딪혔어요. 수학만큼은 큰 폭으로 떨어지지는 않았지만 아무래도 대학에서는 전 과목 내신을 성실성 척도로 평가한다고 하더라고요.

수능은 특별히 준비하진 않았어요. 고3 때 대입 전형과 상관없이 매일 수업 외 5시간씩 따로 공부하자는 목표를 세워놓고 수능 기출문제 풀이 위주로 공부했어요.

내신성적은 어느 정도였나요?

약 2점 후반으로 수시로 가기엔 부족했죠. 1학년 때는 전 과목 성적이 고루 잘 나왔어요. 하지만 아직 문·이과로 나뉘기 전이라 사람이 많은 만큼 상대평가에서 유리했던 걸 수도 있었는데 너무 자만했던 것 같아요. '1학년 때만큼 하면 잘하겠지?'라는 생각으로 2학년 첫 시험을 봤다가 크게 충격받고 난 뒤부터 위축되기 시작했죠. '내가 공부를 한다고 성적을 잘 받을 수는 있을까?' '어차피 의미 없지 않을까?'라는 회의가 들 정도로.

그러다 3학년 때부터 다시 스스로의 가능성을 믿고 공부했더니 신기하게도 성적이 다시 쭉 올랐어요. 여러분도 자만하지 않되, 자신의 가능성을 믿었으면 좋겠어요.

수학 공부 비결을 물어보고 싶어요.

정의, 기본성질을 중요하게 여겨요. 새로운 개념이 나올 때마다 노트에 정리하고, 간단한 예시를 통해 문제를 풀 때 응용할 수 있도록 그 개념을 머릿속에 확실히 담아두었어요. 많은 수험생이 이 문제에선 왜 이런 방법으로 푸는지 이해하기 어려워하는데, 사실은 고난도의 일부 문제를 제외하고는 대부분의 풀이는 정의에서 시작돼요. 고3 때 공간도형 단원을 좋아했는데, 다른 친구들은 그냥 복잡해 보인다는 이유만으로 어려워했어요. 정의, 기본성질로 다 풀리는 게 대부분인데.

수학 하나만 공부해도 오래 걸리잖아요. 다른 과목과 균형 맞추기가 어렵지 않나요?

수학 공부는 하루라도 거를 수 없죠. 암기과목은 아니지만 문제 푸는 감이 매우 중요하니까요. 그렇다고 온종일 수학만 붙들 순 없고. 수학을 집중력이 흐트러졌을 때 잡아주는 역할로 활용했어요. '오늘은 여기서부터 여기까지 해야지' 하는 목표도 따로 정하지 않았고요. 국어, 영어 지문을 읽다 딴생각이 날 때 수학문제를 꺼내 풀었어요. 지문읽기는 집중력을 한 번 잃으면 되돌리기 힘들어서 괜히 붙잡고 있으면 이도 저도 아니게 되거든요. 그러다 계속 수학만 붙들까 봐 걱정할 수 있는데, 수학도 풀다 보면 집중력에 한계가 오기 때문에 어느 선에서 멈추게 돼 있어요. 그때 다시 과목을 바꿨고, 그렇게 시간낭비를 줄일 수 있었죠.

후배들에게 한마디?

부족한 선배인데 여러분께 자그마한 도움이라도 됐을지 모르겠네요. 수험생 시절을 돌이켜 보면, 힘들었지만 친구들과 정말 행복했던 시간이었어요. 너무 힘들다고만 생각하지 말고 지금 이 순간이 모두 여러분 자신을 위한 투자라고 생각하고 조금만 힘내세요. 파이팅! 곧 여러분 앞에 펼쳐질 즐거운 캠퍼스 라이프를 상상하면서!

전국 4년제 대학 수학 관련 학과

거의 모든 대학에 개설되어 있습니다. 최근에는 응용수학과라는 이름으로 개설되기도 합니다. 응용수학과는 물리학, 공학, 통계학 등 다른 인접학문에 쓰이는 수학에 중점을 둡니다.

수학과

가천대, 가톨릭대, 강남대, 강릉원주대, 강원대, 건국대, 경기대, 경북대, 경상대, 경성대, 경희대, 계명대, 고려대, 광운대, 국민대, 군산대, 단국대, 대구가톨릭대, 대구대, 대진대, 덕성여대, 동국대, 동아대, 농의대, 명지대, 목원대, 배재대, 부산대, 서강대, 서울대, 서울시립대, 서울여대, 성균관대, 성신여대, 세종대, 수원대, 숙명여대, 순천향대, 숭실대, 아주대, 연세대, 영남대, 울산대, 육군사관학교, 이화여대, 인천대, 인하대, 전남대, 전북대, 제주대, 조선대, 중앙대, 창원대, 충남대, 충북대, 포항공대, 한경대, 한국과학기술원, 한국외대, 한남대, 한서대, 한신대, 한양대, 호서대

응용수학과

경희대, 공주대, 금오공과대, 부경대, 원광대, 인제대, 한경대, 한양대

11

동물 건강 지킴이
수의학과

반려동물은 가족. 상식이나 마찬가지죠.
동물의 건강도 큰 관심거리가 되면서
수의사의 필요성도 점점 커지고 있습니다.
나날이 그 역할이 커지는 학문,
수의학과에 대해 알아봅시다.

상처

받거나 병든 동물이 있는 곳에 수의사 선생님들이 함께하는 장면은 언제 봐도 가슴이 뭉클해집니다.

그래서일까요? 수의학과 하면 왠지 동물병원부터 떠오르지요. 하지만 동물 진료만이 수의사의 일은 아닙니다. 동물의 건강과 관련된 일에는 늘 수의학이 함께합니다.

조류 인플루엔자와 같은 전염병이 다른 지역을 침범하지 못하게 하는 방역 업무도 수의사가 합니다. 바이러스에 대해 연구하는 일, 사람에게 옮았을 경우 치료약을 개발하는 일도, 심지어 수입 달걀의 통과 여부를 결정하는 일까지, 모두 수의사가 하는 일이랍니다.

동물의 질병은 사람의 건강과도 직결돼 있습니다. 동물의 전염병이 사람에게도 옮을 수 있으니까요. 동물 관련 신종 질병도 끊임없이 등장하고 있습니다. 질병으로부터 동물을 지키는 일은 곧 인류를 지키는 일이기도 하지요.

대학에선 의대와 똑같이 2년의 예과와 4년의 본과 과정을 거칩니다. 이중 마지막 1년은 실제로 동물을 진료하는 현장 실습으로 이뤄집니다.

신체 기관별로 분화된 사람 대상의 의학과 달리, 수의학은 신체 기관별로 분과가 되어 있지 않아 범위가 더 넓고 어려울 수도 있습니다. 동물의 신체기관 전체를 알아야만 해결할 수 있는 질병이 많기 때문이지요. '평생 공부'라 해도 과언이 아닙니다.

수의학과를 졸업하는 모든 사람이 수의사가 되는 건 아닙니다. 공무원, 제약ㆍ사료 회사 등, 갈 수 있는 길은 넓습니다.

반려동물 진료비의 보험 처리가 되지 않는데도 동물병원을 찾는 사람들은 오히려 늘고 있다고 합니다. 동물들의 권리를 지켜주는 일이 당연한 일이란 증거겠지요. 인식의 제고에는 언론의 역할도 있었지만, 오늘도 현장에서 묵묵히 일하는 많은 수의사 선생님과 동물 관련 단체의 역할도 큽니다.

수의사는 동물의 치료만큼 중요한 건 말 못하는 동물의 아픔을 사람들에게 이해시키는 일이라고 강조합니다. 동물과 사람간의 징검다리 역할은 동물에 대한 무한한 사랑과 사명감이 필요한 일이랍니다.

동물과 사람 모두 살리려면
임상과 연구 둘 다 필요해요

건국대학교 수의학과 16학번 **길규범**

곧 첫 후배를 만나겠네요. 지난 1년 동안 대학생활은 어땠나요?

어색했던 게 한둘이 아니었어요. 시간표를 직접 짜는 것부터 대학 생활의 필수코스(?) 조별 과제까지, 고단한 일도 있었지만 대학생이 된 걸 조금 실감할 수 있었답니다. 생명을 다루는 학문이라 진지한 분위기로 수업할 줄 알았는데, 생각보다 경쾌한 분위기였어요. 동아리도 많아 어디로 갈지 고민하다 고등학교 때 응원단 활동을 했던 터라 수의대 응원동아리 '화랑'에 들어가서 액션 치어리딩을 배우고 공연에도 나갔답니다. 공부도 하면서 응원단 활동도 하고, 사람들도 많이 만나고, 정말 일석삼조 이상의 행운이었어요.

수의학의 매력에 대해 듣고 싶어요.

우리가 생각 못한 곳까지 수의학의 손길이 많이 닿아 있는 점? 유행성 질병이나 인수공통전염병의 연구를 통해 밝혀지고 있는 백신, 치료법이 수의학과 밀접한 연관성을 가져요. 조류인플루엔자만 해도 계속 변종 바이러스가 발생해서 새로운 백신 연구가 진행되고 있고요.

사람을 대상으로 하는 약학, 의학에서도 수의학의 도움이 많이 필요하니까 공동 연구도 진행할 수 있어요. 동물의 생리학적 특징 연구나 병리학적 접근이 없었더라면 에볼라 같은 불치병이나 신종 바이러스의 치료법을 연구할 수 없었겠죠.

우리 곁의 개, 고양이 말고도 다양한 동물들을 치료한다는 점도 매력적이죠. 또 수의학은 사람의 신체와 밀접한 동물들의 생체학적 특성 연구를 전담하기도 한답니다. 동물을 치료하면서 사람도 살릴 수 있는 학문, 그것이 바로 수의학이랍니다.

건국대 수의대만의 자랑이 있다면?

미래를 위해 자기계발하는 친구들이 많아요. 꽤 많은 양의 공부를 감당하는 건 기본이고, 건강을 위해 운동도 소홀히 하지 않아요. 독서나 동아리, 봉사활동 등 다양한 여가도 즐기고요. 왜 이게 자랑이냐고요? 이런 활동들을 하며 스스로 행복을 찾아가고, 그 행복함을 다시 내 주위로 전해줄 수 있기 때문이에요. 자기 의지로 성취한 일일수록 만족감도 더 커지잖아요. 고등학교 때는 공부든 뭐든 '대학에 가기 위해' 떠밀려 한다는 느낌이 있었는데, 대학에 와서는 이런 것들을 스스로 하니까 기분 좋아요. 친구들의 행복 에너지가 넘치다 보니 주변 사람들도 덩달아 행복해져요.

고등학생을 대상으로 '전공체험 프로그램'이 있던데요.

네. 수의학과에선 교수의 강연과 캠퍼스 투어, 입시 관련 질의응답 시간을 제공해요. 진로 소개와 함께, 여러 분야의 교수님과 동문을 초청해 학업에 대한 조언과 수의학을 대하는 자세를 가르쳐 주세요. 또 전형별

성적 반영방법, 입학 사례 같은 입시설명도 자세히 전하고요. 저도 고등학교 2학년 때, KU 전공체험에 멘티로 참여했고 많은 도움을 받았어요! 수의대를 꿈꾸는 후배에게 강력 추천해요!

진로 얘기가 나왔는데, 아무래도 수의사가 가장 많죠?

동기들도 선배들도 임상 수의사가 되려는 분이 많죠. 하지만 수의학의 가치는 정말 무궁무진해요. 수의사만 해도 동물을 치료하는 임상분야와, 질병이 퍼지는 것을 막고 백신 등을 연구하는 비非임상 분야로 나뉘어요. 임상 분야는 많은 분이 떠올리는 동물병원 수의사(소동물 수의사)와, 산업동물들의 치료를 맡는 대동물 수의사로 다시 나뉘고요. 질병을 연구하거나 백신 개발, 동물의 생리/병리학적 특성들을 찾아내는 연구도 수의사의 일이에요. 검역본부 등 국가 공무원이 되는 길도 있고요. 동물의 생명뿐 아니라 사람의 건강과 연계되는 연구도 담당하고 있답니다. 제가 말한 어떤 직업이든 수의학이 빠지지 않는다는 점, 이건 꼭 강조하고 싶어요.

학생의 꿈은 무엇인가요?

어렸을 때 제 반려견을 진료해 주신 의사 선생님이 계셨어요. 소 임상 치료 분야에서 유명한 분이라 여러 지역으로 황소, 젖소 검진과 출산 보조를 위해 왕진 나가는 일도 하셨고요. 이때부터 수의사의 일이 단순한 질병 치료만이 아니라 생명 탄생도 가져다주는 일이라는 걸 깨닫고 동경하기 시작했어요.

하지만 어느 해 구제역이 유행했을 때, 그 선생님은 예전에 자신이 치료한 소들이 안락사 되는 것도 지켜봐야 했어요. 덕분에 임상의 한계도 알게 되었답니다. 임상 치료도 중요하지만 다른 2차 피해를 막으려면 질병, 백신 연구도 받쳐줘야 한다는 걸 깨달았죠. 그래서 수의학과 질병에 관심을 많이 갖고, 질병 연구소에서 백신, 치료법을 연구하는 수의사가 되겠다고 다짐했답니다.

학생부종합전형 준비 시 가장 중점을 두었던 부분은?

KU고른기회 농어촌전형으로 입학했는데, 1학년 때부터 수의대 진학을 꿈꿔왔기에 건국대를 포함한 여섯 군데 모두 수의대, 학생부 종합전형으로 지원했어요. 내신 성적만큼 중요하게 생각한 건 비교과 활동이었어요. 내신 성적은 다른 지원자들도 뛰어날 테니 다른 비교과 활동에서 저만의 특별함을 보여줘야 할 것 같았죠. '수의학을 배울 자세가 되어있는 학생이 되자'는 목표를 세우고, 3학년까지의 큰 계획을 세웠어요. 질병 연구와 수의학에 관심이 많았기 때문에 생명과학과 관련된 교내 활동에 집중했고, 관련 동아리 활동을 꾸준히 했죠. 교내 생명과학 올림피아드 상도 탔고요. 물론 생명과학뿐 아니라 국어, 영어 등 다른 과목도 특기를 보여줄 수 있는 활동을 많이 했어요. 대학별 수의학 전공캠프에도 참여해, 학교에서 배우지 못했던 수의학 지식을 배웠어요.

내신 성적이 궁금해지네요. 성적 관리 비법도 살짝 알려주세요.

1점대 중반이었어요. 내신 성적은 학교 수업에 대한 집중도를 보여주는 지표라고 생각해 어떤 과목도 버리고 싶지 않았어요. 정말 '수업시간 집중'이 내신 고득점의 비결이었어요. 어떤 과목이든 선생님 말씀 곳곳에 내신 시험 문제가 숨어있기 마련이거든요. 반복해서 학습하는 것도 중요하고요.

까다로워진 자기소개서, 어떻게 준비했나요?

'얼마나 이 학과에 오고 싶었는지' 말할 수 있어야 해요. 그걸 글 한 편으로 엮은 게 자기소개서라고 생각해요. 모든 과목을 열심히 하되, 주로 수의대에 진학하기 위해 더욱 집중했던 과목들과 관련 활동을 내세웠어요. 학업 부분은 생명과학 등 수의학 관련 과목에 관심이 많았던 만큼, 더 많은 시간을 투자했다는 점을 강조했죠. 교내외 활동도 생명과학 쪽의 다양한 활동과 각종 수상 실적을 내세웠고요. 물론 토론대회 참여 등, 다른 과목, 비교과 활동에도 골고루 관심을 갖고 학교생활 전반에서 최선을 다했다는 것도 피력했어요. 결국 자기소개서의 핵심은 지원동기의 뚜렷함과 솔직함 두 가지예요. 제가 느끼고 배웠던 것 안에서 적었기 때문에 진정성을 담을 수 있었다고 생각하거든요.

면접에서 가장 열심히 준비한 부분은?

학교생활기록부 관련 질문 연습이요. 중요한 건 '자신이 한 활동의 본질을 정확히 파악하는 것'. 그래서 제 활동이 수업의 어느 부분과 연관됐는지, 그리고 해당 부분 개념을 정확하게 설명하는 것까지 연습했어요. 가령 교내 생명과학 토론대회에서 '유전자 복제와 그에 대한 문제점'을 주제로 토론한 내용이라면, 제가 했던 주장과 근거로 생명과학Ⅱ의 '유전자의 변형' 단원의 개념들을 인용해 설명하는 식이에요. 시사 상식을 이용해 설명할 수도 있었지만, 교과 수업과 특별 활동 모두 충실했다고 어필하고 싶었거든요.

아, 면접을 볼 때 마지막 질문 '수의과대학에 오려는 이유'에서 갑자기 말문이 막혔어요. 그래도 심호흡 한 번 하고 KU전공체험에서의 실습 내용과 활동을 떠올리면서, 건국대 수의대만을 바라보고 공부해온 과정을 차근차근 밝혔어요.

입시에 관해 자주 받는 질문이 있나요?

'비교과 활동을 어떤 식으로 구성했는가?'예요. 제 답은 '학생부 종합전형은 자신이 원하는 학과에 진학하기 위해서 공부해왔던 노력을 보여주는 전형이니까, 자기만의 스토리가 뚜렷해야 한다'죠. 자신만의 스토리가 뚜렷해지기 위해서는 확고한 주관과 적극적인 마음가짐이 필요해요.

전 진로에 대해 주관이 뚜렷한 편이었고, '어떻게 하면 수의대에 입학하는가?'에서 한 발 더 나가 '앞으로 수의학을 공부하려면 고등학교 때 어떤 노력을 할 수 있을까?'라고 생각했거든요. 사소하지만, 공부하는 자세나 앞으로의 계획이 좀 더 적극적이고 구체적으로 변하겠죠? 수험생들이 능동적으로 행동해야 한다고 생각해요. 그 스토리를 찾기 위해 독서도 게을리하지 않고, 시사 상식도 많이 알아야 한다고도 덧붙이고요.

수험생에게 한마디 부탁드려요.

늘 해왔던 것 이상으로 해내자는 도전 정신, 그리고 모두 이룰 수 있다는 자신감을 가지세요. 늘 긍정적인 생각을 해보시길 추천해요. 1년이라는 시간 동안 역전승하는 짜릿한 경기를 만들어 봅시다. 공부만 하기는 힘드니까 열심히 먹고, 열심히 운동하면서, 건강한 수험생활 하시길 기원합니다. 수험생 여러분 파이팅! 수험생 부모님들도 파이팅입니다!

 ### 전국 4년제 대학의 수의학과

수의학과는 전국을 통틀어 10개 대학에 개설돼 있습니다. 건국대를 제외한 나머지는 모두 국립대입니다.

강원대, 건국대, 경북대, 경상대, 서울대, 전남대, 전북대, 제주대, 충남대, 충북대

12

피와 살이 되는
식품영양학과

음식을 먹는 일은 그 자체만으로도 즐거운 일입니다.
무엇보다 '밥이 보약이다'는 말처럼,
우리가 먹는 음식 하나하나가 건강을 좌지우지합니다.
오늘 소개할 학과는 식단을 보약으로 만드는 학과,
바로 식품영양학과입니다.

3, 2,1… 땡! 3교시 혹은 4교시가 끝나기도 전부터, 급식실로 향한 각 반 친구들의 경주가 펼쳐집니다. '먹는 즐거움'은 학교생활 중 몇 개 안되는 즐거움이죠.

오늘 메뉴가 뭔지, 언제 내가 좋아하는 반찬이 나오는지도 소소한 관심거리가 됩니다. 그런데 매일 달라지는 식단표는 누가 짠 걸까요. 학교마다 다르겠지만, 영양사 선생님이 계시는 학교가 많습니다. 이 영양사 선생님들이 음식 맛과 영양 모두를 고려해서 식단표를 만든답니다.

오늘의 학과, 식품영양학과에서는 음식의 '영양소'에 대해 배웁니다. 초등학교 과학시간에 밥이나 기타 곡류에 아이오딘 용액을 뿌려 봤던 실험 기억나나요? 밥, 식빵 등 녹말 성분 음식은 남색으로 변했죠. 녹말이 용액 속 '칼륨'에 반응했기 때문입니다. 녹말에 든 건? 우리 몸에 꼭 필요한 3대 영양소 중 하나인 탄수화물이었죠.

이처럼 음식은 제각기 고유한 화학 성분을 가지고 있으며, 우리 몸 속 혈액 성분이나 신장 속 물질과 결합해 신체 활동에 도움을 줍니다. 생화학, 인체생리학, 식품미생물학 등 화학, 생명과학과 관련이 깊은 과목이 많습니다. '식품'을 다루는 학과다 보니 간혹 조리 실습도 있는데, 이는 '요리'라기보다는 어떤 조리 상태에서 음식의 영양소를 잘 살릴 수 있는지 알아보는 '실험'에 가깝다 하네요. 요리를 좋아하고 잘 한다면 좋겠지만, 그렇지 않더라도 상관없답니다!

배우는 내용이 식품에 집중되어 있고 전문적이라, 흔히 식품영양학과 하면 영양사나 식품 위생 관리 등의 직업을 떠올립니다. 하지만 식품영양학과도 진로가 다양해서, 기업체에서 식품 제조 및 연구를 담당하거나, 방송 · 언론, 대학원 등 교육 쪽으로 진출하는 방법도 있습니다.

 불과 50년 전만 해도 '보릿고개'가 있어, 먹을 게 있는 것만으로도 감사했던 시절이 있었습니다. 그때보다 생활수준이 높아진 지금, 음식 종류 자체는 많아졌어도 시간이나 돈이 없어 몸에 이롭지 않은 음식 및 조리법을 택하는 경우가 적지 않습니다. 다행히 요즘은 건강하고 균형 잡힌 식생활에 관심이 많아진 덕에, 음식의 영양 성분을 표시해 주는 음식점도 많아져 커피 전문점만 가도 모든 음료의 지방, 당도까지 자세히 알려줍니다. 하지만 잘못된 정보도 많아져 여러모로 건강한 식사를 하기가 어려워지네요. 범람하는 식품 정보의 홍수 속 식품영양학의 올바른 길잡이 역할을 기대합니다.

식품 연구로 건강한 사회 일구기

경희대학교 식품영양학과 13학번 **문혜진**

학과 선택 동기가 궁금해요.

어머니의 영향이 컸어요. 소금 사용을 줄이려 멸치 육수를 이용하시고
햄 같은 가공식품은 꼭 한 번 데치시는 등 가족 건강을 위해 노력하셨거
든요. 덕분에 가족들이 모두 건강해요. 건강한 음식의 중요성을 깨닫고,
건강한 식품을 개발하겠다는 꿈을 갖게 됐어요.

'식품영양학과는 무엇을 배운다'고 쉽게 설명해준다면?

'식품'과 '영양' 두 가지를 배우는 곳이에요. '영양소가 신체에 어떤 영향
을 미치는지', '식품들은 어떤 영양소를 가지고 있는지', '조리했을 때 영양
소에 어떤 변화가 일어나는지', '가장 적당한 조리방법은 무엇인지' 등 사
람이 건강하게 생활해 나가려면 어떻게 식생활을 해야 하는지 배웁니다.
당뇨, 비만 같은 식생활과 밀접한 병이 많아지고, 먹거리에 관심도 많아
진 현대사회에 꼭 필요한 학문을 배우는 곳이라 할 수 있어요.

식품생명공학과, 조리학과와 어떻게 다른가요?

식품영양학과는 식품의 영양소가 인체에 미치는 영향에 초점을 맞춘 반면, 식품생명공학과는 식품 및 바이오소재를 공부하는 학과로 맛과 품질 등 식품의 과학적 요인에 초점을 맞추고 있어요. 앞의 두 학과가 '과학 이론' 위주로 공부하는 학과라면, 조리학과는 직접 식품을 조리하는 등 '요리사'가 되기 위한 것들을 배우는 학과에요. 아! 식품영양학과 학생이 요리를 잘할 것 같다는 편견은 삼가 주시길!

실용적인 학문이다 보니 취업 및 시험 준비나, 일상에서 잘 활용할 수 있는 과목도 많을 것 같아요. '이것은 꼭 배워야 한다!'는 과목이 있다면?

먹는 것에 관한 과목이 많다 보니 대부분 일상에서 활용할 수 있는데, 그중 '식사요법'을 꼽고 싶어요. 질병별 원인 및 증상, 영양치료법을 공부하는 과목이라 공부할 양이 정말 많아 가장 힘든 과목이에요. 사람들이 건강 관리에 관심을 가지면서 '질환에 좋은 음식'에 대한 정보가 무분별하게 보도되었어요. 이 때문에 식영과 학생에게 식사요법 과목의 중요성이 더욱 커진 것 같아요. 주변에서 가장 많이 듣는 질문이 '텔레비전에서 이 식품이 좋다던데, 진짜야?'거든요. 그럴 때마다 주로 인터넷을 찾아봤었는데, 수업을 듣다보니 잘못된 정보가 많다는 것을 알게 되었어요. 제가 알려준 정보가 잘못되었을 수도 있다는 생각이 들면서, 식영과 학생이라면 힘들더라도 식사요법은 꼭 들어야 한다고 생각하게 됐어요.

가장 재밌었거나 기억에 남는 수업은 어떤 게 있었나요?

'영양화학 및 실험'이요. 피와 소변으로 실험해서 자신의 영양 상태를 판정하는 수업으로, 실험 결과가 제 건강과 직결돼 다른 수업들보다 더 열심히 들었던 것 같아요. 또 직접 쥐를 해부해보는 시간도 있었는데, 쥐한테는 미안했지만 걱정했던 것보다 무섭지 않고, 책에서만 보던 장기들을 직접 보고 좀 더 이해할 수 있어서 가장 기억에 남았어요.

어떤 적성을 가진 친구들이 오면 좋을까요?

화학과 생명과학에 관심이 많은 친구들이요. 학과수업을 따라가기 쉬워지거든요. 그만큼 두 과목을 좋아하지 않거나 공부하지 않은 친구들이 많이 힘들어하기도 해요.

정시로 진학했나요?

특별히 준비했던 건 없지만, 가장 중요한 건 평소 생활습관인 것 같아요. 수험생일 때, 담임선생님께서 수능 당일도 일상생활의 연속이라고 강조하셨어요. 그래서 아침과 점심에 졸지 않으려고 노력했고, 평소 공부할 때도 실제 수능 시간에 맞춰 언어 시간에는 국어를, 수리 시간에 수학을 공부했어요. 그러다 보니 수능 전날 거의 못 잤는데도 당일날 졸지 않고 집중할 수 있었어요. 시험일이 다가올수록 걱정 때문에 새벽에 공부하는 친구가 많을 텐데, 그럴수록 평소 생활의 중요성을 생각했으면 좋겠어요.

먹방, 쿡방의 인기만큼 건강하게 먹는 법에 대한 관심도 높아졌어요. 식품영양학 전공자가 생각하는 '건강하게 먹는 방법'은 어떤 건지 궁금합니다.

저는 영양성분표를 살펴보는 걸 추천해요. 흔히들 식품영양학과 학생은 저염식, 저지방식 등 식사에 많은 신경을 쓸 거라 오해하는데, 바쁘다 보니 식사에 많이 신경 쓰지는 못해요. 대신 저는 가공식품 등을 먹더라도 영양성분표를 보려고 노력해요. 이 식품에 칼로리 및 당류, 소금 그리고 지방이 얼마나 들어있는지 알고 먹으면 모르고 먹을 때보다는 좀 더 건강한 제품을 고를 수 있거든요. 예를 들어 초코우유 대신 흰 우유를 선택한다거나, 라면의 영양성분표를 보고 국물을 먹지 않으려는 등 사소하더라도 좀 더 건강하게 먹으려 노력해요.

4학년이라 취업, 진로에 대해 고민이 많을 거 같아요. 친구들이나 선배들이 졸업 후 어떤 진로를 선택하는지 궁금합니다. 또 본인의 장래희망이 있다면 한 마디 부탁해요.

영양사를 준비하는 사람들이 많고, 좀 더 나아가서 임상영양사를 준비하는 친구들도 있어요. 임상영양사는 병원, 보건소 등 의료기관에서 영양상담 업무를 하는데, 자격을 얻으려면 석사과정 임상영양전공을 마친 뒤에 실무경력이 있어야 하기 때문에 자격을 갖추기 조금 어려워요.

저처럼 식품연구원이 되려고 대학원을 가기도 해요. 저는 좀 더 빨리 연구원이 되기 위해, 3학년 2학기부터 학·석사연계과정으로 식품안전연구실에서 공부하고 있어요. 8학기인 학사기간과 4학기인 석사기간을 각각 7학기와 3학기로 줄여, 5년 만에 학사와 석사를 마칠 수 있으니 1년을 줄일 수 있거든요. 그 밖에도 영양교사가 되려고 2학년 때부터 교직이수와 임용고시를 준비하는 친구들, 식품회사에 들어가려고 경영학을 복수전공하는 친구들, 식품위생직공무원을 준비하는 친구들도 있어요.

이 학과를 지원할 후배들에게 해주고 싶은 말은?

식품영양학과는 정말 진로가 다양하다 보니 제 주변에도 진로 때문에 고민하는 친구들이 많아요. 다양한 경험을 쌓고 선배들과 교류하면서 일찍 진로를 고민했으면 좋겠어요.

전국 4년제 대학의 식품영양학과

식품영양학과는 거의 모든 대학에서 학과 단위로 개설되어 있습니다.

서울 경희대, 고려대(식품공학과), 국민대, 덕성여대, 동덕여대, 명지대, 삼육대, 상명대, 서울대, 서울여대, 성신여대, 숙명여대, 연세대, 이화여대, 한양대, KC대

경기 · 인천 가천대, 가톨릭대, 대진대, 명지대, 수원대, 신한대(식품조리과학부), 안양대, 용인대, 을지대, 인하대, 중앙대(식품공학부)

강원 강릉원주대, 강원대, 상지대, 한림대

대전 · 충청 · 세종 건국대(식품학과), 공주대, 극동대, 단국대(식품공학과), 대전대, 서원대, 세명대(바이오식품산업학부), 순천향대, 중부대, 청운대, 충남대, 충북대, 한국교통대, 한남대, 호서대

광주 · 전라 광주대, 광주여대, 군산대, 남부대, 동신대, 목포대, 송원대, 순천대, 우석대(식품생명공학과), 원광대, 전남대(식품영양과학부), 전북대, 조선대, 호남대

대구 · 부산 · 경상 경남대, 경남과기대(식품과학부), 경북대, 경상대, 경성대, 경일대, 계명대, 고신대, 김천대, 대구가톨릭대, 대구대, 대구한의대, 동명대, 동서대, 동아대, 동의대, 부경대, 부산대, 신라대, 안동대, 영남대, 울산대, 위덕대, 창신대, 창원대, 한국국제대

제주 제주대

식품영양학 진로관련 자격증은 무엇이 있을까

출처_ 경희대 홈페이지

시험종목	주최	비고
영양교사	교육부	1학년 성적 전체 석차 30% 이내 12명 (경희대 기준)
영양사		식품관련학과 졸업예정자
보건교육사	한국보건의료인 국가시험원	보건교육 관련 교과목 중 필수과목 5과목 이상, 선택 과목 2과목 이상을 이수한 학생
식품위생사		필기, 실기 시험
식품제조기사	한국산업 인력관리공단	필기, 실기 시험 (주관식 필기, 작업형 실기)
조리사		자격제한 없음 필기, 실기 시험

식품영양학 진로

출처_ 경희대 홈페이지

교육분야	연구원 및 교수
언론매체분야	푸드스타일리스트, 영양전문 칼럼니스트
연구분야	식품 및 영양 연구단체, 식품산업계, 식품서비스 산업체 연구원
외식사업분야	급식전문업체, 급식사업부, 외식업체 담당자
임상영양분야	병원, 건강증진센터, 체중조절센터 담당자
지역사회 보건영양분야	보건소, 복지소 담당자
학교급식분야	영양사, 영양교사
행정분야	식품위생직, 식품안정성분야 공무원

13

신 산업의 개척자
신소재공학과

석기시대가 석기시대로 불리는 이유,
청동기시대가 청동기시대로 불리는 이유는
당시 사람들이 자주 사용하던 도구의 소재가
달라졌기 때문입니다. 이처럼 새로운 소재의
발견과 쓰임은 문명을 나누는 기준이 되기도 하고,
현대에는 새로운 산업을 일으키는 근간이 됩니다.
소재를 연구하는 신소재공학을 알아봅시다.

석기 시대, 청동기시대, 철기시대처럼 소재에 따라 문명사를 구분 짓는 일은 지금도 이어지고 있습니다. 그렇다면 지금은 무슨 시대라고 부를 수 있을까요? 전문가들은 현대를 플라스틱 또는 고분자시대라고 합니다.

소재는 아주 오래 전부터 우리 일상에서 큰 부분을 차지하고 있습니다. 소재라는 말이 꼭 의류에만 쓰이는 건 아닙니다. 지금 우리들이 PC와 스마트폰을 사용할 수 있게 된 것도 반도체 등 전파를 감지하는 소재가 만들어졌기 때문이고, 우주시대를 내다볼 수 있는 것 역시 우주선의 선체를 보호해주는 단열재가 개발됐기 때문입니다. 과거에는 소재가 문명을 구분 짓는 기준이 됐다면 지금 소재는 새로운 산업을 만드는 뿌리가 되어준다고 할 수 있습니다.

이러한 신소재를 연구하는 곳이 신소재공학과입니다. 신소재공학은 다양한 소재의 성질을 융합, 개발해 새로운 혹은 더 나은 소재를 만들어 우리 삶을 윤택하게 하는 것을 목표로 합니다. 특히 국가산업의 경쟁력을 키우는 IT, 자동차, 에너지 산업 등의 분야에서는 다양하고 새로운 소재의 발견이 필수적입니다. 따라서 대학에서는 이 중요성을 인지하고 신소재와 관련된 전문인을 키우기 위해 중점학문으로 신소재공학을 육성하고 있습니다.

서울시립대 신소재공학과 권명석 교수는 "신소재공학은 기계공학이나 전기전자공학 같은 공학계열과는 달리 '과학적' 특징이 있다"고 말합니다. 공학의 범주에 있지만 자연현상의 원리를 탐구하고 그것을 규명하려고 하는 신소재공학은 과학적으로 기존의 공학과는 다른 특징을 가지고 있다는 것입니다. 그러므로 공학적 자질과 더불어 호기심과 관찰력이 뛰어난 학생이 신소재공학과 어울리는 인재상이라 할 수 있습니다. 또한 수학과 화학 이외의 분야에 지식이 많은 학생이 좋습니다. 신소재가 어떻게 쓰일지, 어떻게 쓰이면 좋을지 예측하고 상상해보기 위해선 다른 분야의 지식이 여러모로 도움을 줄 수 있습니다. 새로운 것에 관심이 많고 다방면에 흥미가 많은 이과 친구들이라면 신소재공학을 추천합니다.

화학을 통한 신소재 개발로
더 나은 삶을

이화여자대학교 화학신소재공학부 15학번 **권하경**

이화여대 화학신소재공학부는 2015년 처음 개설된 학과에요. 이 점이 전공을 선택하는데 영향을 주진 않았나요?

학과는 마음에 들었지만 처음엔 사실 신설학과라서 망설였어요. 교수진에 대한 설명도 찾아보기 힘들고 학과에 대해 말을 해줄 선배도 없고…. 그야말로 불모지 같았거든요. 하지만 오히려 이런 상황이 더 좋은 기회가 될 수 있을 거라고 생각했어요. 처음이니까 불모지를 개척할 수 있겠다 싶어서 마음 놓고 지원했어요.

많은 학과가 통폐합되며 사라지고 있는 반면, 화학신소재공학부는 신설됐어요. 그만큼 사회적으로 화학신소재공학에 대한 요구가 있었기 때문이겠죠?

화학신소재공학은 화학, 물리학, 수학 등 기반 학문을 바탕으로 물질과 에너지 현상을 이해하고, 이것을 바탕으로 물질과 에너지의 기존 가치를 향상시키고 새로운 가능성을 탐색하는 학문이에요.

이화여대는 올해 이 학과를 신설했지만 사실 신소재공학은 유례를 찾을 수 없을 만큼 긴 역사를 가지고 있어요. 예를 들어 암모니아 합성, 플라스틱, OLED 디스플레이, 태양광전지 등 세기의 업적이라 불리는 것들이 화학과 신소재공학을 통해 얻어졌으니까요.

학문 및 기술이 고도화되고 있는 요즘, 화학과 신소재공학은 다시 주목받고 있어요. 고분자, 프로세스 및 시스템 엔지니어링, 열역학, 유체역학, 무기소재, 금속공학 등 전통적인 연구 분야와 더불어 생물공학, 마이크로일렉트로닉스, 나노재료, 정보전자신소재, 에너지 공학, 미세공정 등의 학문도 함께 연구하고 있어요.

설명이 좀 어렵죠? 제가 좋아하는 말이 있어요. 나일론을 개발한 회사 '듀폰DuPont'의 슬로건인데 'Better Living Through Chemistry'란 문구예요. 인간이 잘 살기 위해서는 화학이 필요하단 말이에요. 이렇듯 화학과 신소재는 우리가 계속해서 잘 살기 위해 요구되는 학문이랍니다.

미래인재전형으로 입학했어요. 1단계에 서류 100%인데, 학생부, 자기소개서, 추천서를 평가하네요.

서류를 준비하면서 두 가지를 가장 신경 썼어요. 첫 번째는 수학 성적이 다른 과목에 비해 좋지 않았지만 수학을 좋아하고 열정이 있다는 점을 강조하는 것이었어요. 그래서 수학 관련 교내활동을 활발히 했다는 점을 근거로 들었어요.

두 번째는 과학동아리 활동. 동아리에서 여러 실험을 하고 논문을 썼거든요. 이걸로 과학에 대한 관심이 크고 심화적인 활동을 했다는 점을 부각시키고 싶어서 공을 들였어요.

서류를 준비하면서 제가 했던 활동을 지원학과의 주제에 맞추는 것도 힘들었지만, 글쓰기를 자주 하는 편이 아니라서 글을 매끄럽게 쓰는 게

무척 어려웠어요. 대략 10번 이상은 글을 수정했을 거예요. 확실히 여러 번 검토하고 수정하니까 글이 좋아지긴 하더라고요.

다음 단계인 면접에서는 어떤 질문이 나왔어요?

화학과 생명에 대한 문제를 푼 후 면접관 앞에서 그 답을 설명했어요. 제가 답을 하면 그 답에 대한 보충 질문을 던지셨고요. 그리고 자소서에 대해서도 물어보셨어요. 논문과 동아리와 연관된 질문을 받았는데, 특히 논문에 대해 디테일하게 물어보시더라고요. (면접 전에 논문을 다시 꼼꼼히 읽으세요!) 여대를 선택한 이유를 물어보셨던 것도 기억에 남네요.

내신은 어느 정도 됐어요?

전 과목 평균 1등급 중반대였어요.

곧 2학년이 되는데요, 2학년 학업계획이 있나요?

1학년 때에는 학생회 활동을 했어요. 선배가 없기 때문에 학과의 모든 일을 '처음'으로 했죠. 힘들었지만 뿌듯했어요. 2학년 때도 학생회 활동을 이어가면서 과 동아리 개설과 같은 다른 일도 추진하려고 해요. 거창한 학업계획이 있진 않고 전공수업을 충실히 들을 예정이에요. 시간이 좀 생긴다면 영어공부를 할 거고요.

수업은 어렵지 않은지, 이 전공을 택할 친구들이 고등학교 때 미리 배우거나 관심 가지면 좋은 것들이 무엇인지 말해주세요.

1년 동안 전공 기초과목을 배웠어요. 고등학교 때 수학이나 과학 심화를 배웠기 때문에 크게 어렵지는 않았어요. 사실 새로운 용어나 학문을 고등학생 때 배우기에는 어려우니 고교시절에 미리 무엇을 준비하기보다는 대학에 와서 열심히 배우고 공부하면 될 것 같아요.

그래도 미리 공부했으면 좋겠다고 생각하는 걸 꼽으라면 화학 과목이에요. 화학 관련 학과이기 때문에 화학은 필수예요. 고등학교 때 수능 선택 과목으로 화학을 택하지 않았던 친구들은 힘들어하더라고요. 이왕 이쪽 관련 학과를 선택할 거라면 화학2까지는 배워오면 좋아요. 또 영어도 필수예요. 전공수업이 영어로 진행되거든요. 다른 학교도 마찬가지일 거예요. 처음에 당황하지 않으려면 영어도 미리 익혀 오세요.

마지막으로 어떤 진로를 꿈꾸는지 듣고 싶어요.

아직 구체적으로 정하진 못했어요. 이제 1학년을 마쳤으니 여러 가지를 더 배우면서 목표를 찾으려 해요. 지금 가장 관심 있는 분야는 OLED 디스플레이 분야예요. 기업에서 디스플레이쪽 연구를 하면 좋겠다는 생각이 들어요. 또 국가기관에도 관심이 있는데요, 국가과학수사원이나 화학분야 연구원으로 신물질 만드는 일을 하고 싶어요.

전국 대학의 신소재공학과

서울 건국대(신소재공학전공), 고려대(신소재공학부), 국민대(신소재공학부), 동국대(융합에너지신소재공학과), 상명대(화공신소재전공), 서울과학기술대(신소재공학과), 서울시립대(신소재공학과), 세종대(나노신소재공학과), 숭실대(유기신소재파이버공학과), 연세대(신소재공학부), 이화여대(화학신소재공학부), 중앙대(화학신소재공학부), 한양대(신소재공학부), 홍익대(신소재공학전공)

인천 · 경기 가천대(신소재공학과), 경기대(신소재공학과), 경희대(정보전자신소재공학과), 대진대(신소재공학과), 명지대(신소재공학과), 성균관대(신소재공학부), 수원대(신소재공학과), 아주대(신소재공학과), 인천대(신소재공학과), 인하대(신소재공학과), 한국산업기술대(신소재공학과)

강원 강릉원주대(화학신소재학과), 강원대(신소재공학과), 한라대(신소재화학공학과)

대전 · 충청 · 세종 고려대(신소재화학과), 공주대(신소재공학부), 단국대(신소재공학과), 대전대(신소재공학과), 목원대(첨단소재학과), 배재대(신소재공학과), 선문대(신소재공학과), 순천향대(디스플레이신소재공학과), 충남대(신소재공학과), 충북대(신소재공학과), 한국과학기술원(신소재공학과), 한국교통대(신소재공학과), 한국기술교육대(에너지신소재화학공학부), 한남대(신소재공학과), 한밭대(신소재공학과), 한서대(신소재공학과), 호서대(신소재공학전공)

대구 · 부산 · 경상 경남대(신소재공학과), 경북대(신소재공학부), 경상대(나노 · 신소재공학부), 경성대(신소재공학과), 경운대(항공신소재공학과), 계명대(신소재공학과), 금오공대(신소재공학부), 대구가톨릭대(신소재화학공학부), 대구대(신소재에너지공학전공), 동국대(신소재화학전공), 동서대(신소재공학전공), 동아대(신소재공학과), 동의대(신소재공학과), 부경대(신소재시스템공학과), 부산대(유기소재시스템공학과), 신라대(신소재공학부), 안동대(신소재공학부), 영남대(신소재공학부), 울산과학기술원(신소재공학부), 울산대(첨단소재공학부), 창원대(신소재공학부), 포항공대(신소재공학과), 한국해양대(해양신소재융합공학과)

광주 · 전라 광주과학기술원(신소재공학전공), 군산대(신소재공학과), 목포대(신소재공학과), 순천대(신소재공학과), 전남대(신소재공학부), 전북대(신소재공학부), 전주대(탄소나노신소재공학과), 조선대(신소재공학과)

14

양날의 검을 안전하게
원자력공학과

과연 원자력은 '악'일까요?
좋든 나쁘든, 원자력이 인류 미래를
바꿀 힘을 지닌 건 틀림없죠.
탈원전 움직임 속에서도 전국 학교 원자력공학과
지원자 수는 예년보다 늘었습니다.

원자력공학의 연구분야가 에너지에 국한된 것은 아니지만, 가장 큰 관심사인 건 분명합니다.

값싸고 안정적인 에너지원 확보는 인류의 오랜 과제였죠. 사실상 인류의 삶이 '불' 그리고 '빛'을 발견하면서 시작됐다 해도 과언이 아니니까요. 끝이 명백한 화석 에너지보다 훨씬 적은 양으로 많은 에너지를 만들 수 있는 핵에너지가 매력적일 수밖에요.

물론 매력만큼 위험성도 높은 에너지입니다. 인류는 한 세기 전 경험한 핵무기의 무서움을 기억하기 때문이지요. 에너지원이나 방사선 치료처럼 평화적 목적으로 쓰일 때도 방사성 물질이나 폐기물이 자연환경 및 인체에 끼치는 영향은 여전히 논란에 싸여 있습니다.

2011년 후쿠시마 원전 사고로 국내에도 원전이 특정 지역만이 아닌 '국가 전체의 일'이라는 인식이 널리 확산되었습니다. 특히 우리나라는 울산 해역 부근 원전 밀집도가 세계에서 가장 높아, 원전 한 곳에서 사고가 일어나면 다른 곳에까지 확산될 위험이 높지요. 정부가 '탈원전' 기조를 내세운 것도 이런 맥락입니다.

물론 원전을 갑자기 없애는 건 불가능합니다. 안정적 수급이 가능한 대체 에너지가 나타나기 전까지 기존 원전을 안전하게 이용하거나 반대로 효과적인 탈원전을 준비하기 위해서도, 원자력을 정확하고 깊이 알아야 하는 건 마찬가지입니다.

워낙 특수성 강한 영역을 다루다 보니 상당히 낯설고 전문적인 내용이 많지만, 기본은 물리학입니다. 과거 초기 원자력 및 방사선을 발견한 학자 대다수가 물리학자인 건 우연이 아니죠. 또 수학도 밀접한 관계에 있답니다. 주된 연구 분야인 방사선 역시 의료나 산업 영역에 쓰이기 때문에 이들 영역과도 긴밀한 관련을 맺고 있으며, 진로와도 연결됩니다. 이외에도 핵융합 등 원자력공학이 밝혀야 할 영역이 많습니다.

신고리 5·6호기 건설 재개 여부를 묻는 공론조사에서, 전문가들과 토론을 거쳐 의견을 정립하는 과정을 거치며 토론 참여자들의 건설 재개 찬성 비율이 토론회 시작 전보다 오히려 늘었다고 합니다. 반면 건설을 반대한다고 응답한 비율은 오히려 감소했다고 합니다.

이를 두고 혹자는 '과학이 공포를 이겼다'고도 합니다. 물론 공사 중단 비용이 크다는 경제적 요인도 있었기 때문에, 단순히 찬성 비율이 원전을 신뢰하게 되었다는 증거라고 단정하기엔 이릅니다. 중요한 건 가치관만큼이나 과학적 사실 역시 더 나은 미래를 준비하는 데 소중한 밑거름 역할을 할 거라는 사실입니다.

원자력 사용 환경 안전하게~

한양대학교 원자력공학과 16학번 **최원준**

어떤 계기로 원자력에 관심이 생겼나요?

예전부터 공학 분야를 좋아했지만 구체적 꿈이나 원하는 학과를 명확히 정하지는 못했어요. 나중에 내가 하고 싶은 일이 생겼을 때 성적이 발목을 잡을 수 없게 공부를 해두자 싶어서 했지요. 그래도 고등학교 3년간 다양한 활동을 하면서 나 자신에게 '하고 싶어하는 것'과 '좋아하는 것'이 뭔지 끊임없이 물어봤어요. 미래에 뭘 하면 좋을지. 그러다 원자력 관련 다큐멘터리 영상을 보게 됐고 흥미가 생겼어요. 결국 이 작은 관심이 생긴 게 학과 선택에 결정적이었어요.

학교를 다니며 느꼈던 좋은 점?

다양한 기회를 접할 수 있는 게 큰 장점이라고 생각해요! 각종 취업 행사, 해외 학술 교류, 독서 골든벨 등. 학생들의 폭넓은 경험을 돕는 다채로운 행사가 열려요. 이런 행사소식이 메일이나 문자로 학생들에게 많이 전송되다 보니, 학생들이 스팸 메시지라 오해할 정도라니까요.(웃음)

과 분위기는 어때요?

전공 내용이 꽤 어려워서 혼자 공부하거나 과제를 하기가 좀 벅차요. 과제하다가 모르는 부분은 학과 친구들끼리 서로 도와가며 풀어나가기도 하는 등 다같이 부족한 점을 채워나가야 하니 그만큼 가깝게 지내요. 또 같이 여행도 다니고 학교 행사도 치르면서 학교생활을 즐겁게 보내고 있답니다.

원자력공학은 어떤 것을 배우나요?

원자력은 눈에 보이지 않는 작은 분자나 원자를 이용한 에너지예요. 원자력 발전소, 병원에서의 방사선 치료, 영상장치 등 생활 곳곳에 쓰여요. 눈에 보이지도 않고 냄새도 안 나고, 심지어는 우리가 사는 동안 한 번도 촉감으로 느낄 수조차 없는 물질이죠. 그런데 이 '방사선'이라는 물질이 사람을 피폭시킬 수도 있고 건물을 붕괴시키기도 한답니다. 참 신기하죠?

이렇게 유용하면서도 위험한 원자력을 더 안전하고 효과적으로 응용하는 방법을 배우는 게 원자력공학입니다. 예를 들어 종양을 제거하는 등의 치료에 원자력이 쓰일 수 있어요. '의학'과 관련한 것을 배우는 '원자력 의과학'이 있고, 방사선을 측정하고 어디에 방사선이 있는지 예측하는 '방사선 계측'도 배웁니다. 2학년 때 본격적인 전공에 들어가기 전에 미분·적분학과 일반 물리, 일반 화학과 컴퓨터 프로그래밍을 필수과목으로 들어요.

2009년 신설된 에너지공학과와 어떻게 다른가요?

에너지공학과는 말 그대로 모든 에너지에 대해 배우는 학과예요. 원자력도 에너지의 일종이니, 어찌 보면 원자력공학도 에너지공학에 포함돼 있다고 해도 과언이 아니죠. 다만 원자력공학은 여러 에너지 중 원자력에 집중해 발전 원리, 원자력 이용 분야까지 세밀하게 공부하는 학과예요. 반면 에너지공학과는 다양한 측면에서 한 가지 에너지를 깊이 연구한다기보다는 여러 에너지에 대해 배워요.

과제나 팀플이 많나요?

과제는 다른 공학과에 비하면 많지 않을 거예요. 물론 과제는 스트레스지만 과제할 때 친구들과 함께 해결했기 때문에 어려움이 덜했던 것 같아요. 아! 팀 프로젝트는 거의 없어요. 공대가 워낙 팀 프로젝트가 많아 고생스럽다 보니, 팀플 없는 건 정말 좋은 것 같아요.(웃음)

어떤 학생이 원자력공학과 어울린다고 생각하나요?

아무래도 공부할 게 적지 않으니 전공 지식을 꾸준하게 공부할 수 있는 친구가 잘 어울리겠죠. 무엇보다 원자력에 대해 궁금한 게 많은 친구가 잘 어울린다고 생각해요. 거창하지는 않아도 평소 원자력은 무엇이고, 발전 원리라던가, 병원의 방사선 치료는 어떻게 하는지 등에 한 번쯤 의문을 가진 학생이라면 충분해요.

탈원전으로 입학생이 줄 거라 예상했지만, 실제로는 오히려 늘었다고 들었어요.

교수님들도 농담삼아 '전과할 애들은 전과해'라며 탈원전에 잘 대처해야 한다고 했어요. 하지만 오히려 외국계 학생들이 원자력 분야를 공부하러 오고 있고, 원자력 공학과의 수시 경쟁률이 높아졌다고 해요. 우리 학과는 수시는 물론 정시 경쟁률도 높아졌고요. 원자력발전이 단기간에 없어질 수 있는 분야가 아니고, 해외에서 원자력 기술 수출 요청도 있어서 선배들도 국내외에서 큰 역할을 맡고 있죠. 앞으로 세계시장과 국내시장에서도 좋은 성과를 낼 거예요.

원자력 하면 흔히 한국수력원자력공사부터 생각하게 되는데, 관련 분야만큼 진로도 다양한 것 같아요.

맞아요. 원전만 생각하는 건 큰 오산이에요. 물론 한수원에 많이 가지만, 한국전력의 방사선 분야나 병원의 방사선 치료 분야로도 많이 진출해요. 연구 분야에서도 원자력 정책 관련 분야나 원자력 폐기물, 방사선의 생물학적 영향 등 필요로 하는 곳이 많아요.

장차 어떤 연구를 하고 싶은지⋯

조금 더 안전하고 효율적으로 원전을 이용하는 방안을 계속 모색하고 싶어요. 제 연구의 최종 목표는 더욱 안전하게 방사선 치료를 할 수 있게 하는 것이죠. 대학원 진학도 생각하고 있고요.

학생부 교과전형으로 입학했군요. 100% 교과 성적이라 내신에 공을 많이 들였겠네요.

수능도 준비했지만 고등학교 때부터 학생부 교과전형을 목표로 늘 내신에 신경 썼어요. 특히 부족하다 여겼던 영어나 국어 과목은 시험 직전 해당 범위 지문을 암기하거나 최소한 세 번 이상은 읽었어요. 물론 수능이나 모의고사에서는 암기로 성적을 높일 수 있는 건 아니지만 내신시험에서는 꽤 효과가 좋았어요. 전과목 1.08, 주요과목만 산출하면 1.1 정도가 나왔어요.

내신점수를 잘 받는 비결이 궁금해요.

내신시험은 수업을 잘 듣는 게 가장 중요해요. 수업 내용을 확실히 이해하고 암기하면 점수 올리기는 어렵지 않아요. 교과서와 참고서 한 개를 병행하며 개념과 문제를 동시에 익히도록 노력해 보세요. 또 수행평가 기일이나 실기 시험 일정도 잊지 않게 적어 두고 챙기고요. 내신시험이 모의고사보다 어려운 친구들이면 내신보다 수능에 집중하는 게 좋아요. 하지만 시험도 수행평가도 빠뜨리지 않는데 이상하게 성적이 안 나오는 친구들이라면 수업시간 선생님 말씀을 꼼꼼히 들어보기를 권하고 싶어요.

평소 수학, 과학을 어떻게 공부했는지 듣고 싶어요.

대학에 입학했을 때부터 지금까지 수학 과외를 하고 있는데, 수험생 땐 잘 몰랐던 걸 많이 느낄 수 있었어요. 수험생 시절엔 수학은 문제만 많이 풀면 되는 게 아닐까, 유형 또는 공식만 잘 외워서 풀면 되는 게 아닐까 생각했죠. 수학을 가르치며 알게 된 건데 분명 가르쳐줬던 개념인데도 살짝 변형된 문제는 전혀 손을 못 대더라고요. 왜 교과서에서 개념의 증명을 잘 살펴야 하는지 알게 됐어요. 공식 암기도 중요하지만 무엇보다 이 공식이 어떻게 나왔는지, 다른 단원 개념과는 어떻게 연결되는지 생각해 보는 게 정말 중요하더라고요. 틀린 문제도 왜 틀렸는지, 어느 개념을 놓쳤는지 살펴봐야 해요.

과학도 개념이 가장 최우선이지만, 모의고사를 볼 때 문제 풀이에 시간이 모자랄 때가 많아요. 빠른 시간 내에 문제 푸는 연습도 많이 해주세요.

미래의 후배들에게 한마디?

원자력공학과가 아니어도 하고 싶은 공부나 일을 할 수 있었으면 좋겠어요. 또 성적에 일희일비하지 않았으면 좋겠어요. 모두 파이팅 하시고 꼭 원하는 대학이나 학과에 합격해 즐거운 대학생활 누릴 수 있도록 기도할게요.

 전국 대학의 원자력공학과

원자력공학과가 개설된 학교는 전국을 통틀어 11곳입니다.

경희대, 단국대, 동국대, 서울대, 세종대, 울산과학기술원, 전북대, 조선대, 중앙대, 한국과학기술원, 한양대

15

의학의 손
의료공학과

인간은 도구를 쓰지요. '중요한' 일일수록
더 고도화된 도구를 씁니다.
사람의 생명과 건강을 다루는 중요한 일이라면
정말 많은 도구가 필요하겠죠?
의술의 발전도 의료기기 없이는 불가능합니다.
의료활동에서 꼭 없어서는 안 될 분야,
의료공학을 알아봅시다.

어릴 적 소꿉놀이의 추억 중에는 아마 병원놀이도 있을 겁니다. 청진기와 체온계만으로도 그럴싸하게 의사 선생님 역할을 할 수 있었던 것 같네요. 이 청진기와 체온계야말로 모든 최첨단 의료기기의 시초라고 합니다. 18세기, '모든 물질은 온도가 올라갈수록 부피가 팽창한다'는 원리를 이용한 체온계가 탄생했고, 19세기 초에는 종이컵 전화기의 원리를 응용한 원통형 청진기가 탄생했습니다.

처음에는 비교적 간단한 원리를 이용했지만, 점차 과학기술의 진보와 함께 의료기기도 눈부시게 발전하기 시작했습니다. 독일 물리학자 뢴트겐은 낮은 밀도의 물질을 통과하는 광선, X–선을 발견했는데, 덕분에 메스를 대지 않고도 사람의 몸 속을 관찰할 수 있게 되었죠. 이 X–선은 사람의 체내 단면을 볼 수 있는 컴퓨터 단층 촬영기CT 탄생에도 도움을 줍니다.

현대로 올수록 급성 전염병보다는 암 및 심혈관 계통 질환이 늘어납니다. 이런 질환 치료는 수술만으로는 한계가 있는 데다 환자도 모르게 병이 진행되는 경향이 있죠. 환자가 모르는 사이에 어떤 증상이 나타났는지 알기 위해서, 환자의 몸 속을 자세히 들여다봐야 했습니다. 또 건강, 복지에 대한 사회적 관심도 커지면서, 의학의 과제는 병을 예방하고 더욱 빨리 발견하는 게 되었습니다. 연계 학문의 폭도 더욱 넓어졌죠. '건강에 최첨단 공학기술도 끌어들이면 어떨까?' 20세기 중반부터 의료공학은 정식 학문 분야로 자리매김하기 시작했습니다.

의료공학과는 의학과 밀접한 관련을 맺고 있으면서도 공학에 뿌리를 두고 있는 학문이기 때문에 실제 전공 수업에서는 공학 색채가 짙습니다. 특히 치료기구 대다수가 전기전자와 뗄 수 없어 전기전자공학의 비중이 높습니다. 인체 지식과 기본 의료지식도 배우기 때문에 그만큼 공부할 것도 늘어나지요. 하지만 의학과 공학, 두 전문 영역을 아우르는 최첨단 학문인 만큼 미래에도 부가가치가 높은 분야입니다.

　　현재 의료공학은 치료 및 진단 도구는 물론 인공 심장, 피부, 장기 등 각종 인공 생체 조직 고안에 도전 중입니다. 영화 속에서나 가능할 것 같았던 것들을 현실로 만들고 있죠. 또 의료공학은 의학의 과제에 새로운 답을 제시하기도 합니다.

선배에게
듣는
진로이야기

의료서비스의 필수 학문

계명대학교 의용공학과 16학번 **권예찬**

방학이 다가오는데, 계획은 세웠나요?

이제 1학기를 마무리했어요. 제가 ROTC 복무 중이라 방학 중 한 달은 입영훈련이에요. 나머지 한 달은 토익이나 자격증 준비에 집중해야 될 거 같아요.

방학에도 바쁘겠네요. 지금의 학교에는 어떻게 오게 되었어요?

원래 경기도에서 고등학교까지 다녔어요. 체대 준비를 하다가 개인 사정으로 그만두게 되었는데, 다른 진로를 알아보던 중 의용공학과는 어떠냐는 주변의 권유가 있었어요. 많은 의료장비가 전기, 전자를 이용하잖아요. 제가 평소 컴퓨터 다루는 걸 좋아했고, 전문성도 높은 분야라 더욱 도전하고 싶어졌어요. 마침 집이 대구로 이사해, 이왕이면 새 집에서 가까운 4년제 대학을 찾아 계명대에 지원했어요. 캠퍼스가 예쁘기로 유명하고, 대학생활도 재밌게 보낼 수 있을 것 같았죠. 실제로 학교에 와 보니 유익하고 재밌는 수업도 많고, 교수님들 모두 열정으로 학생들을 가르쳐

주셔서 여러모로 이 학교에 오길 잘했다고 생각해요.

계명대 의용공학과는 2009년에 신설되었어요. 그만큼 최근 들어 필요성이 많은 학문이라는 건데.

아무래도 의용공학과가 낯선 분이 많을 거예요. 의용공학은 의료기기, 임상전문기구, 인공생체조직 등을 연구하고 개발하는 학문이에요. 전자기술을 이용한 첨단의료기구의 개발 및 생산, 임상장비 운용, 의료기기의 정보처리, 의료장비의 전문적인 취급을 공부하죠. 의료서비스에서는 관련 장비가 많은 비중을 차지하다 보니 의료복지에 필요한 학문이고, 복지나 건강에 대한 관심도 많아지니 전망도 좋은 편이죠. 의학과 공학의 최첨단 기술이 모이는 만큼 부가가치도 높고요.

1학년 1학기부터 전공필수 '의용프로그래밍'을 배우게 되네요.

네. 처음에는 C언어부터 배워요. C언어는 기초 언어지만 기본적인 프로그램 구조부터 비트 조작 같은 세밀한 기술까지 가능해요. 1학년 수업시간에 하는 프로그래밍은 물론 2학년부터 배우는 심화 전공에서도 응용할 수 있어요. 2학년 '공업수학' 수업에서는 프로그래밍에 필요한 수학공식부터 시작해 회로를 다루는 법과 관련 실습, 3학년에선 의료기기를 설계하고 디자인하는 것, 심전도 및 근전도 등 다양한 계수를 직접 측정해보는 수업을 합니다. 마지막으로 졸업반이 되면 '캡스톤 디자인'이라는 수업에서 의료기기를 만들어 대회에 출품하게 돼요.

다른 과목들도 공학 느낌이 많이 나네요.

학과장 교수님도 '의용공학과는 의학이 아닌 공학에 기초하는 학과'라

말씀하시죠. 컴퓨터 프로그래밍을 좋아하는 친구라면 잘 맞을 거예요. 여기에 뭔가 만들거나 연구하는 것을 좋아한다면 안성맞춤이죠. 덧붙이자면 과 분위기도 좋은 학과예요. 학생 성별 비율도 비슷하고, 선후배가 잘 어울리는 곳이랍니다.

2015년 신입생부터 '취창업과 자기계발' 수업을 반드시 들어야 하는 졸업요건이 추가됐어요. 어떤 수업인가요?

1, 2학년 땐 취업이나 창업이 멀게 느껴져서 그런지, 깊이 생각하지 않는 경향이 있어요. 하지만 취업과 창업은 생각보다 가까운 현실이에요. 진로 탐색은 중요한 일이잖아요. 그래서 학교에서 학생들의 진로 모색을 도우려고 졸업요건에 추가했다고 생각해요. 취창업 수업으로는 1, 2학년 때 들을 수 있는 '직업선택과 취업준비' '취업전략과 사회진출' 등이 있는데, 외부 강사를 초청해 학생들에게 좀 더 실질적인 도움이 되는 강의를 들려줘요. 실제 현장의 사례를 듣고 공감할 수 있는 게 장점이에요.

아, 그리고 교수님과 면담을 최소 한 번 이상 해야 하는 졸업요건이 추가됐어요. 간혹 교수님과 대화 한 번 나누지 않은 채 졸업하는 학생들이 있어서, 교수님과 대화도 나눠보고 진로상담도 하면서 진로 방향을 잡는 데 도움이 되게 하려는 목적이에요.

의학과 연결점이 많으니 왠지 병원 쪽 진로가 많을 거 같은데요.

저 역시 입학할 때만 해도 병원으로 취업해야겠단 생각이 있었는데, 나중에 병원 쪽 취업은 어렵단 걸 알았어요. 병원에선 의용공학 인력을 많이 찾지는 않는다고 하더라고요. 다행히 요즘 제약회사들이 의용공학 전공자를 많이 뽑는다고 들었어요. 전문성이 높은 분야라 학부생 대부분이 대학원으로 진학해요.

어떤 진로를 꿈꾸고 있나요?

저는 고등학교 때부터 ROTC를 해야겠다고 생각했어요. ROTC는 제 전공으로 의정병과를 넣어 군병원에서 근무도 할 수 있죠. 그런데 군 생활은 진급 문제 등 여러 변수가 많아 군에 계속 있긴 어려울 거 같기도 해요. 그래서 만일 전역하게 되면 제약회사 쪽도 생각하고 있어요. 당장은 영어와 의공기사 자격증 공부를 하고 있죠.

한편으로는 전공공부나 취업과 크게 상관없더라도, 다양한 활동에도 도전하고 있어요. 졸업하기 전 성장에 도움이 되는 경험을 많이 해보고 싶어요. 학교에서 진행하는 해외 기업탐방 활동, 다문화지역 학생 멘토, 학생회 활동 등. 다음 학기에는 학교에서 주관하는 해외봉사에도 지원해 보려고요.

수시 전형 두 개에 합격했다고 들었어요. 각각 '학교생활충실자전형', '일반교과전형'이었는데, 어떻게 다른가요?

일단 두 전형 모두 내신 성적이 중요해요. 차이가 있다면 일반교과전형은 수능 최저등급이 필요하지만, 학교생활충실자전형은 수능 최저등급 없이 고등학교 생활기록부만 보고 뽑는 전형이에요.

두 전형 모두 학생부 교과성적이 중요한데, 내신 관리 방법이 궁금해요.

저는 놀러 다니기도 좋아하고, 공부를 밤을 새가며 열심히 하는 편은 아니었어요. 하지만 수업시간만큼은 정말 집중해서 들었죠. 선생님이 강조하는 내용을 체크하고, 내가 시험 문제를 출제한다면 어떤 걸 낼지 생각하며 공부했는데, 성적 관리에 도움이 된 거 같아요.

인문계로 전과한 것도 성적에 도움이 되었죠. 처음에는 생명과학을 좋아해 자연계를 선택했는데, 수학이 생각보다 어려워 고3 때 전과했어요. 하지만 인문계로 간 뒤에도 수학을 포기하지 않고 꾸준히 노력해서 내신 성적, 수능등급을 관리했어요.

일반교과전형은 2차에서 면접도 보는데, 어떤 질문을 받았나요?

따로 면접준비를 한 건 아니었어요. 면접에선 평소 자기 생각을 보여주면 된다고 생각해 예상 질문에 대한 제 생각, 기본적인 전공관련 지식을 정리하는 정도였죠. 아쉽게도 면접 때의 기억이 많지 않은데, 어떤 주제에 대해서 제 의견을 묻는 질문이 있었어요. 답변 내용이 좀 엉뚱하긴 했어도 제 생각을 당당하게 말해 후회는 없었죠. 저는 면접에서 자신감이 제일 중요하다고 생각해요. 너무 긴장하지 않고 자신의 생각을 말한다면 좋은 결과를 낼 수 있다고 생각해요.

학교생활충실자전형은 비교과 활동도 평가하는데, 어떤 것들을 했나요?

학급 부반장, 동아리 활동 등 주로 많은 사람과 어울리는 활동을 했어요. 이때 사람들과 대화하고 소통하는 능력, 사람들을 이끄는 방법을 배울 수 있었어요. 덕분에 지금 학생회장 활동도 가능했고, 소대원들을 이끌어야 하는 ROTC에도 합격할 수 있었던 것 같아요. 고등학교 때의 경험이 두고두고 도움이 되는 걸 지금도 실감하고 있어요.

의용공학과를 지원할 미래의 후배들에게 한마디?

인생이 어떻게 흘러갈지는 아무도 예상할 수 없다고 생각해요. 저도 예전엔 대구에서 학교를 다닐 거라고는 상상 못했으니까요. 처음에는 새로운 인간관계나 도시에 적응이 힘들 거란 두려움이 있었어요. 하지만 한편으로는 제 선택이니까 최선을 다해보자고 생각했고, 그 마음으로 나름 열심히 해왔다고 자신해요. 지금은 오히려 낯선 도시에 오길 잘했다고 생각해요. 다양한 사람들을 만나고 많은 경험을 하면서 저 스스로도 훌쩍 컸다는 걸 느껴요.

인생은 선택의 연속이죠. 하지만 스스로의 선택으로 계명대 의용공학과에 지원하는 여러분은 적어도 그 선택을 후회하지 않을 만큼 열심히 했으면 좋겠어요. 학업이든 동아리 활동이든, 여러 작은 경험들은 여러분이 성장할 수 있는 좋은 기회가 될 거예요.

 전국 4년제 대학의 의료공학 계열 학과

주로 의대 혹은 공대에 개설돼 있습니다. 학교마다 명칭이 다르긴 하지만, 다루는 내용은 비슷합니다.

가천대(의용생체공학과), 가톨릭관동대(의료공학과/의료IT학과), 강원대(기계의용메카트로닉스재료공학부), 건국대(의생명공학과), 건양대(의공학부/의료IT공학과), 경희대(생체의공학과), 계명대(의용공학과), 고려대(바이오의공학부), 금오공대(메디컬IT융합공학과), 대구가톨릭대(의공학과), 대구한의대(재활의료공학전공), 동국대(의생명공학전공), 동명대(전자및의용공학부), 부경대(의공학과), 부산대(의생명융합공학부), 성균관대(글로벌바이오메디컬공학), 순천향대(의용메카트로닉스공학과/의료IT공학과/의료생명공학과), 연세대(의공학부), 영남대(의생명공학과), 울산대(의공학전공), 을지대(의료공학과), 이화여대(휴먼기계바이오공학부), 전남대(의공학과), 전북대(바이오메디컬공학부), 중앙대(바이오메디컬공학전공), 중원대(의료공학과), 차의과학대(바이오공학과), 한국외대(바이오메디컬공학부), 한양대(생체공학전공)

16

건강을 회복하기 위한 치료
재활학과

재활이라고 하면 뭐가 떠오르나요?
'재활에 성공해 그라운드로 복귀했다'는
운동선수의 뉴스가 먼저 생각나는군요.
재활은 사전적 의미로 '다시 활동함'이라는
뜻을 가지고 있습니다. 재활을 위해선
본인 스스로의 노력과 함께
다른 사람의 조력이 필수적입니다.
재활이란 무엇인지, 재활과 관련된 학과는
어떤 것들이 있는지 소개합니다.

재활이란 말은 광범위하게 쓰입니다. 그 갈래를 나누기가 애매할 만큼 재활은 우리 생활에 전반적으로 닿아 있습니다. 물리적으로 재활을 나누자면 신체적 재활과 정신적 재활로 구분할 수 있습니다. 신체적 재활은 부상으로 인해 수술 등의 치료를 받은 후, 신체 능력을 회복하기 위한 물리치료나 운동 등의 활동을 말합니다. 종종 스포츠 뉴스에서 '재활에 성공했다'는 운동선수의 소식을 들은 적이 많을 겁니다. 신체적 재활은 바로, 그런 의미의 재활을 말합니다.

반면 정신적 재활은 주로 정신장애를 가지고 있는 장애인을 돕는 치료와 활동이라 할 수 있습니다. 정신질환 혹은 신경계질환은 완치될 확률이 적기 때문에 증상을 완화시키는 병원치료 외에 다른 치료가 필요합니다. 다른 사람과의 원활한 커뮤니케이션을 위한 언어나 행동 등의 교정, 자립심을 키우기 위한 상담, 증상 악화를 방지하는 행동교육 등이 그것이죠. 이를 전문화한 분야가 사회재활, 직업재활, 작업재활 등입니다. 사회재활과 직업재활 그리고 작업재활은 꼭 장애인만을 대상으로 하는 치료가 아닙니다. 아동, 청소년, 성인 및 노인 역시 일상생활에 어려움을 겪는다면 심리검사나 상담을 받은 후 재활치료를 받을 수 있습니다. 심리에 초점을 맞춘 분야를 심리재활이라 부르기도 하는데, 이 심리재활은 극심한 스트레스에 노출된 현대인들이 많아지면서 각광받고 있는 분야이기도 합니다.

재활의 다른 갈래로는 재활공학이란 분야도 있습니다. 장애인보조기구, 재활보조기구를 연구하는 분야입니다. 고령인구가 늘면서 보조기구에 대한 관심이 높아지고 있는 요즘, 재활공학 역시 새로운 트렌드로 떠오르는 분야입니다.

재활학은 재활에 대한 학문적 연구와 더불어 효율적인 재활 프로그램을 개발하는 학문입니다. 사회나 역사 등 인문사회계열에 관심이 많은 학생이 학과공부를 하는 데 유리하지만, 재활공학의 경우 이공계열 학생이 갖춘 자질을 필요로 합니다. 또 신체적 재활을 연구하는 대표적인 학문인 물리치료학은 예체능계열인 체대에 개설되어 있는 경우도 많습니다. 그러나 재활학은 학문적 자질 이전에 사람에 대한 관심이 많은 학생을 원하고 있습니다. 궁극적으로 사람을 상대하는 학문이기 때문이죠. 사람과 어울리기 좋아하며 친절하고 이해심 많은 학생이라면 재활학에 관심을 가져보세요. 더불어 살아가는 세상을 만드는 학문, 재활학입니다.

복지의 최전선에서
보람을 느껴요

연세대학교 작업치료학과 09학번 **이준기**

작업치료란 말이 생소합니다. 작업치료란 무엇인가요?

작업치료 전공자로서 주위 사람들에게 가장 많이 듣는 질문이에요. 작업치료에 대해 말씀드리기 전에 '작업'이 무엇인지 이해할 필요가 있어요. 작업치료사인 저희도 작업이라는 개념을 정의하기가 어려워요. 마치 경제학자에게 물어도 '경제'의 정의를 듣기 힘든 것처럼요. 대한작업치료사협회에서는 작업이란 개인에게 의미가 있는 모든 종류의 정신적, 육체적, 사회적 활동이라 정의해요.

방금 나눈 아들과의 대화는 잊어도 주기도문은 절대 까먹지 않는 치매를 앓고 있는 제 외할머니가 있어요. 외할머니에게 '길을 잃지 않고 혼자 성당 다녀오기'라는 활동은 무엇보다 의미 있는 '작업'일 거예요. 이 하나의 작업은 다시 '길을 잃지 않기'라는 정신적 작업과 '다녀오기'라는 육체적 작업, 그리고 '성당'이란 특정한 공간에서 이루어지는 사회적 작업들이 있어요. 이렇게 개인에게 의미 있는 활동이 작업이고, 다시 다양한 종류의 작업으로 나눌 수 있어요.

이제 작업치료에 대해 말씀드릴게요. 작업치료란 신체적, 정신적 그리고 발달과정에서 어떠한 이유로 기능이 저하된 사람에게 의미 있는 치료적 활동(작업)을 통해 최대한 독립적으로 일상생활을 수행하고 능동적으로 사회생활에 참여함으로써 행복한 삶을 영위할 수 있도록 치료, 교육하는 보건의료의 한 전문분야예요. 쉽게 설명하자면 작업치료는 작업을 하나의 치료적 기법으로 사용하거나(수단으로서의 작업), 작업을 치료의 목표로 삼는 거죠(목적으로서의 작업). 예를 들어 뇌졸중 등의 질병으로 인해 오른손의 미세한 손기능이 저하된 사람이 있어요. 그 사람에게 젓가락질이나 바느질, 글씨 쓰기 등의 작업을 교육한다고 해보세요. 그 작업은 치료의 목표임과 동시에 그 자체로 하나의 훌륭한 치료기법이 되어준다고 할 수 있답니다.

흥미롭네요. 지금 병원에서 인턴 중인데 구체적으로 무슨 일을 하고 있나요? 말해준 이론들이 실제 현장에도 그대로 적용이 되는지요?

감기처럼 앓고 지나가는 질병도 많지만 후유 장애가 남는 질병도 있어요. 대표적인 것이 앞서 말씀드린 뇌졸중이나 척수염 등의 신경계 질환이에요. 이들에게 작업치료사로서 환자의 후유장애를 평가하고 장애를 최소화할 수 있도록 치료하고 교육하는 것이 제가 하는 일이에요. 작업을 사용해 손상된 기능을 회복시키는 치료를 하기도 하고 후유 장애로 인해 스스로 수행할 수 없게 된 작업을 다시 혼자 할 수 있도록 여러 가지 보상적이고 대체적인 방법들을 교육하기도 해요.

이론과 실제 사이의 괴리는 어느 분야에나 존재하죠. 작업치료 현장에서 느끼는 가장 큰 딜레마는 작업치료가 '작업중심적인' 치료이기 때문에 생겨나요. 뇌 손상 환자에게는 종종 중·고도의 인지장애가 동반되는데,

심한 인지장애를 가진 분들께는 '의미 있는 활동'을 거론하기조차 불가능한 경우가 많거든요. 이럴 때 작업치료사는 이런 분에게 가장 의미 있는 활동이 무엇일지 대신 고민하고 그에 맞는 치료를 진행해야 하죠.

작업치료에 관심을 가지게 된 계기는?

고등학교 3년은 제 정체성의 암흑기였어요. 무엇이 되어야겠다는 뚜렷한 목표가 없었기에 학업에도 소홀했고, 대학 선택에 있어서도 미적지근했습니다. 제 입시와 진로에 대해 저보다 더 열성적으로 고민해준 어머니 덕에 작업치료학을 선택하게 됐어요.

입학하고 나서도 진로 고민이 많았는데, 4학년이 되고 16주간의 임상실습이 끝날 때, 진짜 이 일을 해봐야겠다고 결심했어요. 고맙다는 소리를 항상 들을 수 있는 직업이 세상에 얼마나 있겠어요. 두 손 꼭 잡고 고마워하는 환자분들의 모습에서 작업치료사라는 직업이 의미 있고 멋지게 느껴졌어요.

어떤 적성을 가지고 있는 학생이 이 학과에 들어오면 좋을까요?

다른 사람의 행복을 자신의 행복으로 느끼는 학생들이 이 학과를 택했으면 좋겠고, 그래야만 한다고 생각해요. 직업생활에서 얻을 수 있는 가장 큰 보상은 돈과 권력이 아니라 보람과 그 일 자체의 기쁨이니까요. 자기를 위해서 하는 치료는 진정한 치료가 될 수 없어요. 진심으로 다른 사람의 행복을 위해 고민하고 노력할 수 있는 사람이야말로 진정한 치료를 하는 작업치료사가 될 수 있어요.

연세대 작업치료학과를 택한 이유는?

연세대는 최초의 작업치료학과가 설립된 곳이에요. 이 점이 매우 특별합니다만 사실 입학할 때까지 몰랐던 사실이에요. 지금은 전국 각지의 대학에서 훌륭한 작업치료사가 많이 배출되고 있습니다. 아, 연세대 작업치료학과는 문과와 이과에서 50%씩 뽑기 때문에 계열 상관없이 마음만 먹으면 누구나 지원해 볼 수 있어요. 이 점도 말씀드리고 싶네요.

교과과정을 보니까 '물리학', '의학용어', '심리평가' 등 다양한 분야를 배우더라고요. 복합적인 학문이라는 생각이 드는데 가장 어려웠던 수업이 있었다면?

사람을 상대로 하는 일이니만큼 인체의 구조와 역학, 그리고 사람을 대하는 방식, 환자를 평가하고 치료하는 방법 등 다양한 분야가 유기적으로 얽혀 있습니다. 이 상관관계를 잘 파악하면서 배워야만 해요. 힘들었던 과목은 의학용어였어요. 외우는 것이라면 질색인데 처음부터 끝까지 다 외우는 과목이잖아요. 또 신경해부학도 어려웠어요. 작업치료에 꼭 필요한 학문이지만, 신경계는 그 구조를 뚜렷이 보거나 느낄 수도 없을뿐더러 아직 완전히 밝혀지지 않은 것들도 많거든요.

작업치료학과를 꿈꾸는 후배들에게 한마디?

끊임없이 공부해야 하는 학문이고 그 과정이 어려울 수도 있어요. 사회가 발전하면서 같이 성장하는 것 중 하나가 복지랍니다. 대한민국의 복지 수준이 높아질수록 노인과 장애인의 자립과 삶의 질 문제는 빼놓을 수 없는 이슈가 될 거예요. 복지의 최전선에서 일하는 전문가로서, 어려움을 겪고 있는 사람들의 눈물을 훔쳐주는 훌륭한 작업치료사의 길로 오시길 바랍니다!

전국 4년제 대학의 재활관련학과

재활관련학과를 모아 단대 또는 학부로 갖추고 있는 학교가 많습니다. 그 외 학교는 재활관련학과가 어느 단대에 속해 있는지 먼저 확인해봅시다. 의대, 사회대 등 단대에 따라 입시 전형이 완전히 다르니까요.

대구대 재활과학대학 직업재활학과, 언어치료학과, 재활심리학과, 재활공학과, 물리치료학과, 작업치료학과, 건강증진학과
나사렛 재활과학대학 수화통역학과, 심리재활학과, 언어치료학과, 인간재활학과, 재활공학과, 재활자립학과, 점자문헌정보학과
건양대 재활복지교육대학 심리상담치료학과, 사회복지학과, 아동보육학과, 유아교육과, 초등특수교육과, 중등특수교육과, 재활퍼스널트레이닝학과
김천대학교 간호보건계열 재활학부 물리치료학과, 작업치료학과, 언어치료학과

재활학과
송원대(자연과학계열 재활보건관리학과), 전주대(의과학대학 재활학과), 한신대(휴먼서비스대학 재활학과), 을지대(보건과학대학 중독재활복지학과)

물리치료학과
가야대, 가천대, 강원대, 건양대, 경남대, 경동대, 경성대, 경운대, 광주여대, 김천대, 나사렛대, 남부대, 남서울대, 단국대, 대구가톨릭대, 대구대, 대구한의대, 대전대, 동신대, 동의대, 백석대, 부산가톨릭대, 삼육대, 상지대, 선문대, 세한대, 신라대, 연세대, 영산대, 용인대, 우석대, 우송대, 위덕대, 유원대, 을지대, 인제대, 전주대, 중부대, 청주대, 한국교통대, 한국국제대, 한려대, 한서대, 호남대, 호서대, 호원대

운동재활학과
가천대(보건과학대학 운동재활복지학과), 경주대(보건복지대학 태권도·운동처방학과), 단국대(스포츠과학대학 운동처방재활학과), 동의대(체육과학대학 운동처방재활학과), 성신여대(생활과학대학 운동재활복지학과), 우송대(보건복지대학 스포츠건강재활학부)

언어청각치료학과

광주대(보건복지교육대학 언어치료학과), 광주여대(보건계열 언어치료학과), 남서울대(보건계열 언어치료청각학과), 대구가톨릭대(의료보건대학 언어청각치료학과), 동명대(보건복지교육대학 언어치료학과), 동신대(보건복지대학 언어치료학과), 동양대(보건복지교육대학 보건학부 언어치료학과), 루터대(언어치료학과), 부산가톨릭대(보건과학대학 언어청각치료학과), 세한대(보건대학 언어치료청각학과), 송원대(자연과학계열 언어치료심리학과), 우송대(보건복지대학 언어치료학과), 제주국제대(인문사회학부 언어치료학과), 조선대(보건과학대학 언어치료학과), 한려대(자연과학계열 언어치료학과), 한림대(자연과학대학 언어병리학/청각학 전공), 호남대(보건과학대학 언어치료학과)

재활공학과

광주대(보건복지교육대학 보건의료공학과), 한서대(보건대학 재활과학기술학과)

작업치료학과

건양대(의과학대학 작업치료학과), 경운대(보건대학 작업치료학과), 고신대(보건복지대학 작업치료학과), 광주대(보건복지교육대학 작업치료학과), 광주여대(보건계열 작업치료학과), 동신대(보건복지대학 작업치료학과), 백석대(보건학부 작업치료학과), 세한대(보건대학 작업치료학과), 순천향대(의료과학대학 작업치료학과), 연세대(보건과학대학 작업치료학과), 인제대(의생명공학대학 작업치료학과), 조선대(보건과학대학 작업치료학과), 호남대(보건과학대학 작업치료학과), 한려대(자연과학계열 작업치료학과)

직업재활학과

고신대(보건복지대학 직업재활학과)

17

(−)극과 (+)극의 힘
전기전자공학과

인류 역사 시작 이래로 지금만큼
전자제품에 둘러싸여 사는
시대는 없었습니다.
전자제품만큼 흥미로운
전기 · 전자공학을 알아봅시다.

비 내리는 날, 카메라 플래시라도 터진 듯 어두운 하늘이 번쩍일 때가 있죠. 바로 번개입니다. 사람도 나무처럼 전기가 잘 통하는 도체라서, 확률은 낮지만 번개에 맞으면 생명이 위험해지죠. 하지만 번개와 같은 원리로 생명을 구하기도 합니다. 우리의 심장은 전기 에너지로 뛰는 데다, 우리 몸의 이상 징후를 포착하면 전기신호를 뇌에 보냅니다. 그래서 심장 건강상태를 체크할 때 온몸에 전극을 붙여 전기신호를 측정하며, 심장이 멈췄을 때도 전기 제세동기를 쓰죠.

번개는 지구가 생긴 이래 계속 쳐왔건만, 번개의 힘을 생활 속으로 끌어들이는 데는 1000년이 넘게 걸렸습니다. 17세기부터 19세기 사이 전기공학 이론의 뼈대가 축적되었고, 본격적으로 생활에 전기를 이용하는 방법을 연구하기 시작합니다. 그 결과 밤에도 환한 빛을 밝힐 수 있고, 끼니마다 따뜻한 밥을 먹을 수 있으며, 시원한 여름과 따뜻한 겨울을 날 수 있게 되었습니다. 업종을 막론하고 컴퓨터와 휴대폰 등이 필수품이 되었죠.

전기 및 전자공학에서는 전기와 전자의 원리를 심도 있게 배운 뒤, 우리 삶 속에서 이용하는 방법을 연구합니다. 배터리, 반도체부터 통신, 제어, 그리고 자동차, 로봇까지. 모두 전기 및 전자공학의 관심분야랍니다. 우리에게 익숙한 컴퓨터공학 역시 전기 · 전자공학에서 파생된 영역입니다.

전기와 전자가 다른 개념인 만큼, 혹자는 전기공학과 전자공학의 차이를 궁금해 하기도 합니다. 굳이 따지자면 전기공학은 전압의 세기를 이용하는 것, 전자공학은 전류가 흐르는 길을 어떻게 통제하는가가 주 관심사라는 차이가 있습니다. 하지만 두 영역의 뿌리는 똑같은 데다, 학문 수준이 고도화된 만큼 경계를 나누기보다 연결점을 찾는 일이 더 중요해졌죠.

복잡하고 고도화된 이론이지만 결국 기본 뼈대는 고등학교 수학, 과학입니다. 어느 학과보다 고등학교 과정과 연계성이 높으니 관련 과목을 열심히 공부하면 도움이 될 거예요. 실험 시간에 전기로 움직이는 기계를 직접 만들기도 합니다. 기계를 만지거나 만드는 취미가 있다면 더욱 좋겠네요.

그 옛날 전기가 없던 시절을 상상 못 할 만큼, 전기의 수요는 계속 눈덩이처럼 불어나고 있습니다. 4차 산업혁명의 주역이 될 지능형 로봇, 인공지능 등에서도 전기, 전자공학은 중요한 역할을 선점하고 있죠. 도전과 연구가 늘 성공만 가져온 건 아니지만, 전기자동차처럼 많은 실패에도 연구가 끊이지 않는 영역도 있습니다. 전기공학이 산업의 주역 자리를 놓치지 않는 비결은 바로 '포기하지 않는 것' 아닐까요.

전공 선택 의무가 없으니
진로 탐색도 자유로워요

고려대학교 전기전자공학부 12학번 **김태규**

고려대 전기전자공학부에는 어떻게 오게 되었나요?

고등학교 때부터 엔지니어에 대한 로망이 있었고 영화에서처럼 컴퓨터로 새로운 프로그램을 만들거나 제어하는 연구를 하고 싶었어요. 뜻이 맞는 친구들과 컴퓨터 프로그래밍 동아리를 만들어 컴퓨터 언어를 조금씩 공부했어요. 자연스럽게 컴퓨터공학과 가까운 전기전자공학에도 관심이 생겼죠. 어느 날 고려대에 놀러갔는데, 학생들도 활기차고 어느 가게에 들어가도 '여긴 고려대'라는 자신감을 느낄 수 있었어요. 선택 동기치곤 우스울지 몰라도, 학교에 대한 자부심을 보고 고려대를 선택했어요.

배우는 게 많아 보여요.

'전기로 할 수 있는 모든 것'들을 배우니까요. 고등학교에서도 배웠던 전자부터 스마트폰에서 무선으로 데이터를 주고받는 통신 기술, 전기 에너지의 생산·관리 방법, 반도체 설계 및 생산 기술까지. 그리고 핫 이슈인 인공지능AI도 연구 대상이에요.

고려대는 컴퓨터공학과와도 통합했는데.

사실 전기전자공학의 기초가 컴퓨터공학이에요. 병렬처리계산이나 명령을 동시다발적으로 처리하는 시스템, 인공지능 등은 전기공학 영역과도 겹치거든요. 시스템이 복잡해질수록 점점 더 많은 계산을 필요로 하고 동시다발적으로 센서에 들어오는 정보도 처리해야 해요. 어떤 과제든 기초 프로그래밍 지식이 필요해서, 프로그래밍 언어가 1학년 필수 과목이에요. 소프트웨어와 컴퓨터 구조에 대해 더 공부하려는 친구가 컴퓨터공학을 세부 전공으로 정해요.

세부전공은 어떻게 선택하나요?

선택의무가 없다는 게 장점이에요. 졸업 전까지 모든 영역에서 원하는 과목을 선택할 수 있죠. 특정 전공 선택을 안하는 쪽이 학업이나 진로 선택의 폭을 넓히는 거 같아요. 학부에서 교과목 트리도 추천하는데, 자신이 좋아하고 잘 맞는 영역이나 과목을 찾을 때 도움이 돼요.

학부 분위기는 어떤가요?

한 학년에 200명 정도다 보니, 1학년 필수교양을 기준으로 30명 정도를 '반'으로 나눠요. 대개 반별로 어울리다 보니 같은 반 학생들끼리 친해지는 편이에요. 간혹 사교성 좋은 친구들은 더 많은 학부생과 어울리기도 하고요.

정말 여학생이 적은지 궁금해하는 사람이 많은데요. 적은 건 맞지만 조금씩 늘고 있어요! 제가 입학할 땐 20명이었는데 지금은 30명 정도 된다고 들었어요.

아무래도 과제가 많겠네요.

네, 슬프지만 과제도 공부할 것도 많아요. 시험도 한 학기 최소 3번, 많게는 5번까지 치르죠. 힘들긴 하지만 점차 요령이 생기니 너무 걱정하지는 마세요. 그래도 실험시간은 힘들어요. 1학점인데 과제나 시험 양은 다른 3학점 전공과 별 차이가 없거든요. 수업시간에 배운 것들을 몸으로 익히는 귀중한 시간이지만요.

학부 홈페이지에 경영학 인정 과목 리스트가 있어요. 경영학 이중전공이 많나요?

워낙 배울 게 많아서 그런지 타전공의 이중전공은 드물어요. 오히려 경영학과, 컴퓨터공학과, 산업경영공학과에서 전기전자공학을 제2전공으로 삼는 쪽이 더 많죠. 공학도에게는 자기 분야 기초를 닦는 편이 훨씬 이로운데, 이중전공은 들을 수 있는 제1전공 과목 수만 줄이는 셈이라 선호하지 않아요.

사정이 이렇다 보니 너무 공학에만 치중하지 않도록, 모든 공대생은 경영학 전공 2개 필수수강을 졸업 요건으로 해 놨어요. 그래서 학부 홈페이지에 경영학 인정과목 리스트가 있어요.

졸업요건 중 '졸업작품'은 뭔가요?

정식 명칭은 '종합설계'예요. 12학번부터 1, 2학기 모두 종합설계를 이수하도록 교과과정이 바뀌었어요. 졸업논문·소프트웨어 작품·하드웨어 작품 중 하나를 선택해 설계하는 거예요. 졸업논문이 소화한 내용을 글로 풀어내는 거라면 소프트웨어나 하드웨어 작품은 실제 물건으로 만드는 거죠. 학기 말에 작품 발표회를 열어 교수님의 피드백을 받는데, 대기업 관계자가 찾아오기도 해요.

　공대에서도 유독 취업률이 높다는데 부럽네요. 오죽하면 '전화기(전기 · 화학 · 기계)'라고.

　반도체, 전력, 통신 테크, 제어 · 로봇은 기업마다 수요가 많아요. 소프트웨어 설계 능력을 살려 구글이나 네이버 같은 회사의 게임 부서에도 갈 수 있고요. 법공부와 접목시켜 변리사를 준비하거나 국가 기술고시 시험을 치러 공무원이 되기도 해요. 무엇보다 이곳은 새로운 기술을 다루잖아요. 새로운 기술을 통해 자신만의 길을 여러 각도에서 찾아보세요.

　자동차 엔지니어가 되고 싶다 했는데, 어떤 자동차를 만들고 싶어요?

　자율주행자동차요. 사람이 운전하지 않으니, 자동차 한 대에도 필요한 장치나 시스템이 정말 많고, 회사 간 경쟁도 치열해졌죠. 주행 중 사고가 안 나도록 살피는 센서부터, 센서에서 입력받은 영상을 슈퍼컴퓨터로 전달하는 통신 능력, 차체 주변의 물체를 분류하고 차체에서 떨어진 거리, 위협 여부까지 판단하는 시스템, 유사시 주변 차들에게 위급 상황을 알리는 신호장치 등. 제 능력을 발휘하고 싶은 점이 정말 많아요.

　입시 질문으로 넘어갈게요. 수시 수리논술은 어떻게 준비했나요? 아쉽게도 고려대 논술전형은 없어졌지만, 준비 방법을 들으면 많은 도움이 되겠어요.

　2학년 때부터 수능과 동시에 논술 준비를 꾸준히 했었어요. 일요일마다 수리논술 3시간, 과학논술 3시간씩 학원에 다니며 준비했고요. 학교별로 기출문제를 푼 뒤 표현력이 부족한 부분은 첨삭을 받고, 학생들끼리 답안을 공유하며 잘 쓴 글들을 따라해 보기도 했어요. 모범답안을 받고 난 뒤

2주 정도 후에 다시 한 번 풀기도 했고요. 아는 것들은 정확히 표현해 좋은 점수를 받을 수 있도록, 모르는 것들은 누구에게 설명하더라도 확실하게 말할 수 있도록 계속 복습했어요. 연세대 1차 수시에선 떨어졌고 고려대 2차 수시만 치렀는데 추가합격에서 붙었죠.

논술전형이 우선선발과 일반선발 두 종류로 나뉘었는데, 어느 쪽에 지원하셨나요?

일반선발에 지원했는데, 학생부와 논술 비중이 50:50이었어요. 우선선발은 학생부와 논술이 20:80. 대학 입시자료를 보고 나서 일반선발 전형도 학생부 실질반영률이 10% 이하로, 1등급부터 5등급까지 점수격차가 작단 걸 알았죠. 그래서 내신 점수에 별로 연연하지 않고 수능 공부에 더 많은 시간 투자를 할 수 있었어요. 수능 준비 전체 시간의 약 50%를 수학에, 20%는 과학, 언어, 외국어 각각 15%씩. 자연계 학생은 수학이 제일 중요하니까요. 두 번 이상 틀린 수학 문제들을 스크랩해 항상 들고 다녔고, 쉬는 시간마다 한두 문제씩 다시 풀어봤어요. 그 결과 내신은 3등급 정도, 수능은 수학을 제외한 나머지 모두 1등급이 나왔어요. 수능 점수는 예상보다 높게 나왔지만, 수리가 1점 차이로 2등급이 나와 지금까지도 너무 아깝네요.

미래 후배들에게 한마디?

끝나지 않을 것 같은 자신과의 싸움이 얼마나 힘든지 알고 있어요. 매일 똑같이 반복되는 일상도 힘들고, 놀지도 못하고 친구들이랑 마음껏 어울려 다니지도 못하고 답답함이 마음 속 한가득일 거예요. 그래도 미래의 자신을 위해 조금 더 힘내주세요. 입시가 끝나고 후회된 건 성적이나 대학 같은 결과가 아니라, 인생에서 한 번쯤 최선을 다할 기회와 능력이 있던 순간에 그 약간의 노력을 더하지 못한 게 가장 아쉽더라고요.

훗날 이 순간을 돌이켜 보고 정말 최선을 다했단 생각이 든다면, 다른 어려움도 극복할 힘이 될 거예요. 진심으로 응원할게요!

전국 4년제 대학의 전기전자공학과

전기공학과 전자공학을 한 학교에 따로 개설하는 곳도 많지만, 통합하는 곳도 많습니다. 컴퓨터공학, 반도체디스플레이 등 인접 공학과도 합치는 경우가 있습니다.

서울

경희대(정보전자신소재공학과), 고려대(전기전자공학부), 광운대(전자정보공과대학), 건국대(전기공학과/전자공학과), 동국대(전자전기공학부), 명지대(전기공학과/전자공학과), 서울과학기술대(전기정보공학과/전자IT미디어공학과), 서울대(전기 · 정보공학부), 서울시립대(전자전기컴퓨터공학부), 세종대(전자정보공학대학), 숭실대(전기공학부), 연세대(전자전기공학부), 중앙대(전자전기공학부), 한양대(융합전자공학부/전기공학전공), 홍익대(전자전기공학부)

인천 · 경기

가천대(전기공학과), 대진대(전기공학과), 수원대(전기공학과), 한국산업기술대(에너지전기공학과), 단국대(전자전기공학부), 성균관대(전자전기공학부), 안양대(전기전자공학과), 인천대(전기공학과), 인하대(전기공학과/전자공학과), 한양대(전자공학부), 한경대(전기전자제어공학과)

강원 강릉원주대(전기공학과), 강원대(전기공학과), 한라대(전기전자공학과)

대전 · 충청 · 세종

공주대(전기전자제어공학부), 대전대(전자정보통신공학과), 배재대(전기공학과/전자공학과), 세명대(전기공학과), 신성대(전기공학과), 선문대(정보디스플레이학과), 순천향대(전기전자공학과), 중부대(전기전자공학과), 충남대(전기공학과), 충북대(전기공학부/전자공학부), 한국과학기술원(전기및전자공학부), 한국교통대(전기전자로봇통신공학부), 한국기술교육대(전기전자통신공학부), 한남대(전자공학과), 한밭대(전기공학과/전자·제어공학과), 호서대(전기공학부)

대구 · 부산 · 경상

경남대(전기공학과/전자공학과), 경북대(전자공학부/전기공학과), 경상대(전기공학과), 경일대(전기공학부/전자공학부), 경성대(전기공학과), 동명대(전기공학과), 동아대(전기공학과), 동의대(전기공학과), 부경대(전기공학과/전자공학과/융합디스플레이학과), 부산대(전기컴퓨터공학부/전자공학과), 영남대(전기공학과/전자공학과), 울산과학기술대(전기전자컴퓨터공학부), 울산대(전기전자공학전공), 위덕대(에너지전기공학부), 창원대(전기공학과), 포항공대(전자전기공학과), 한국해양대(전기전자공학부), 해군사관학교(전기·전자공학과)

광주 · 전라

광주과학기술원(전자전기컴퓨터전공), 광주대(전기전자공학과), 군산대(전기공학과), 동신대(전기공학과), 목포대(전기공학과), 송원대(전기전자공학과), 순천대(전기제어공학과), 우석대(전기전자공학과), 원광대(전기전자정보계열), 전남대(전기·전자통신·컴퓨터공학부), 전북대(전기공학과), 전주대(전기전자공학전공), 조선대(전기공학과), 호남대(전기공학과)

제주

제주대(전기공학전공,전자공학전공)

18

도시 꽃꽂이
조경학과

한 폭의 그림 같은 관광 도시나,
온갖 꽃과 나무로 가득찬 수목원,
사진으로만 봐도 마음이 행복해집니다.
우리가 매일 생활하는 이 도시도
그만큼 아름답게 만들면 어떨까요?
이걸 연구하는 곳이 바로 조경학과입니다.

조경

하면 왠지 정원을 가꾸는 게 생각납니다. 맞아요. 정원이 조경의 시작이라 해도 과언이 아니거든요. 사람의 본능 중 하나가 바로 '아름다움에 대한 추구'로, 이건 공간에도 해당됩니다. 인류가 집을 갖기 시작하면서 정원도 자연스럽게 생겨난 거죠. 정원의 역사에 비해, 조경이 학문으로 자리잡은 건 얼마 되지 않습니다. 세계 최초의 조경학이 대학에 등장한 건 20세기 초. 사람들이 '공간이 갖는 치유력'을 인지한 게 이 즈음이었죠.

산업 혁명 전후의 무분별한 도시화는, 오염 물질 증가 및 미관을 해치는 등 부작용도 많았습니다. 도시에서 각종 흉악 범죄가 증가하자 이를 줄일 방법을 과거 귀족들의 전유물이던 정원에서 찾았습니다. 많은 사람이 볼 수 있는 정원을 만들면 황폐해진 사람들의 마음을 치유할 수 있을 거라고 생각했고, 그 생각은 옳았습니다. 도심 속 쉼터인 공원은 그렇게 탄생했습니다.

우리나라에서는 1973년 조경학의 역사가 시작됐습니다. 도시의 환경오염이 심각하던 시절 단순히 도시를 아름답게 만드는 걸 넘어, 환경 친화적인 기능을 조성하는 데 중점을 뒀습니다. 도시 열섬현상을 막고, 비를 모아 홍수를 방지하고, 공기를 정화하고 산소를 공급하는 것 등. 조경을 '녹색기반사업'이라고도 하지요.

작은 정원부터 도시 전체까지. 조경학과에서는 크고 작은 외부 공간을 설계부터 직접 시공하는 일까지 모두 배웁니다. 예쁘면서도 환경 친화적인 공간을 만드는 일이기 때문에 미학적 관점과 생태학적 관점을 동시에 요구합니다.

조경학에 가장 필요한 자질은 '현장을 답사하는 부지런함'이라고 합니다. 재학생은 물론 관련 업계 종사자들도 똑같이 말하길, 이미 존재하는 공간을 새롭게 설계해야 하므로 현장을 실제로 보는 게 더 효과적이라고 합니다. 시설물 배치, 동선 등이 설계했을 때와 달라지므로 반드시 눈으로 확인해야 한답니다. 물론 나무나 꽃 등의 살아있는 자연물 배치는 필수니 이것도 많이 알면 좋겠죠!

무엇보다도 조경은 사람과 공간을 연결해 주는 일입니다. 사람들이 어떤 공간을 선호하는지, 특정 공간에서 어떤 행동을 자주 하는지 등등, 많은 관찰이 필요합니다. 사람의 마음을 어루만지고 나아가 생태계를 치유하는 힘은, 생명에 대한 애정 어린 시선에서 나온답니다.

도시생활을 깨끗하고 아름답게

서울시립대학교 조경학과 12학번 **오귀환**

학과 소개 부탁드려요.

간단히 말하면, '외부공간을 사람이 살기 좋고 아름답게 만드는 학과'예요. 학부 4년간 배우는 게 '외부공간의 문제를 해결하는 과정'이죠. 외부공간을 정말 다양한 관점에서 바라보게 돼요. 크게는 도시를 환경 친화적으로 만드는 것과 아름답게 꾸미는 것, 이 두 가지에 중점을 두죠. 직접 공간을 설계하고, 나무나 돌, 분수, 기타 장식물 등을 배치하는 일들을 배워요. 정원 같은 작은 공간부터, 공원, 관광명소, 도시까지, 외부공간의 종류도 정말 많더라고요.

조경학과에 다닌다고 하면 가장 많이 듣는 질문은?

"나무 심는 학과야?"라는 질문이요. 사실 학부 과정에서 직접 나무를 심는 일은 거의 없어요. 가로수도 그렇고 경관을 꾸밀 때 나무가 빠지는 일이 거의 없다 보니, 흔히들 '나무 심는 과'라고 생각하시는 것 같더라고요. 나무는 외부공간을 아름답게 만들기 위한 수단 중 하나일 뿐이에요.

나무'만' 심는 건 아니라고 말하고 싶어요. 조경학과에서 공간 설계부터 시공, 관리까지 다양하고 복잡한 과정을 배우거든요. 가끔 어르신들 몇몇은 산업화 시절을 떠올리며 "돈 많이 벌 수 있겠네?"라고도 하시는데, 그런 말을 들을 때마다 씁쓸하죠. (웃음)

어떤 적성을 가진 학생들이 조경학에 어울릴까요?

음, 어려운 질문이네요. 학과 구성원을 생각해보면 공통점을 찾기가 정말 어렵거든요. 하지만 학년이 올라갈수록 자기가 생각한 것을 남들에게 보여주는 능력이 좋아진다고 생각해요. '표현력'이라고 해야 할까요? 조경이라는 학문 특성상 제 생각으로 누군가를 설득해야 하기 때문이죠. 아무리 생각을 잘해도 표현하지 못하면 소용이 없게 돼요. 굳이 꼽자면, 조경학은 표현 능력이 뛰어난 친구에게 맞는 것 같아요.

물론 표현 방법은 발표 능력, 드로잉, 컴퓨터 프로그램 등 정말 많아요. 하지만 또 조경학과에서 배우기 때문에 이런 것들을 못한다고 지원을 망설일 필요는 없어요. 개인적으로는 대학 입학 전 독서나 여행을 해보시길 권해요. 교수님의 말씀을 빌려, 하루에 하나씩 작은 것이라도 그려보는 것도 추천하고요.

진로도 다양하죠?

도시환경의 중요성이 점점 커지면서 진로가 다양해지고 있어요. 반면 건설 계통이라 경기에 민감하다는 약점도 있고요. 대체로 공기업이나 대기업 입사를 선호하지만 대기업 입사의 경우 관련 채용 규모가 적다는 걸 감안해야 될 거예요. 대개는 공기업이나 공무원, 대기업 건설사, 엔지니어링 회사, 시공회사, 설계사무소, 지역활성화센터 등에 들어가요. 구체적인 직무는 각자의 기호에 따라 많이 나뉘는 편이예요. 교직으로 나가는 친구들도 많고요. 물론 조경 쪽이 아닌 다른 일을 하는 선배들도 많답니다. 어떤 일을 하든지 문제를 분석하고 해결하는 과정을 거치니까요.

그러고 보니 교직이수가 있네요. 어떤 과목을 담당하나요?

농업계열 고등학교로 많이 가더라고요. 담당과목은 조경 환경, 농업 등이고요. 아, 기술 · 가정 과목도 담당할 수 있습니다.

시립대엔 환경공학과와 환경원예학과도 있어요. 차이가 있나요?

도시과학대학 환경공학과는 도시 생활을 쾌적하게 만들기 위한 방법을 연구한다는 점은 같지만 생활폐수, 대기오염물질, 소음공해 등등, 생활 속 오염물질을 줄이거나 제거하는 방법을 공학 쪽에 치중해요. 조경학에서는 정원이나 공원, 도시를 설계하는 방법, 외부 경관을 꾸밀 나무와 생태계에 대해 배우거든요.

또 환경원예학과는 나무와 식물이 환경에 주는 영향을 배운다는 점에서 닮아 보이지만 환경원예학과는 '식물' 그 자체가 중심이랍니다. 나무와 화훼류를 재배하는 방법을 배우죠.

서울시립대 조경학과만의 자랑은?

오래된 역사만큼, 조경학의 전문성과 체계성을 갖추고 있는 점이요. 교수님들이 조경 각 분야에서 권위를 인정받고 계시고, 지식의 양은 물론 전달 노하우도 풍부하세요. 공부 여건도 최고고요. 학년별로 설계실이 따로 마련되어 있고, 실습이나 연구에 필요한 시설들이 두루 갖추어져 있어요. 가장 자랑하고 싶은 건 다른 학교 조경학과들과는 다르게 스튜디오

수업(대상지를 선정해서 디자인 단계까지 진행해보는 수업)을 진행하는 거예요. 힘들지만 조경학을 제대로 배우려는 학생에겐 더없이 좋은 학교라고 자랑하고 싶어요.

과제를 대부분 학교에서 해야 하고 팀으로 진행하는 일이 많아, 학우들 간 친밀도도 다른 학과보다 훨씬 높아요. 선배들이 조경업계 전반에 진출해 있어 진로에 도움을 받기도 좋고요. 학업성적이 우수하면 조경학과 동문회에서 주는 장학금도 받을 수 있답니다.

고른기회입학전형으로 입학했는데, 수시와 정시 중 어느 전형이었나요?

정시 전형으로 입학했고, 그때는 '2개 영역 이상 수능 3등급'이 최저학력기준이었어요. 수능과 학생부를 합친 서류 평가와 면접 전형을 거쳤고요. 면접 유형은 자기소개서를 기반으로 한 인성면접과 논술 형식으로 된 지문을 주고 그에 대답하는 심화면접이었어요. 수도권 대학은 수시라도 최저학력기준이 있는 경우가 대부분이니 수능도 준비하셔야 할 거예요. 어차피 수시공부와 정시공부는 크게 다르지 않으니 같이 준비하세요!

자기소개서는 어떻게 작성했나요?

조경학과에 대해 제 나름의 포부를 썼던 게 기억나요. 조경학과가 어떤 요소를 중시한다고 생각하는지 제 나름대로 정하고, 그 요소들을 제가 어떻게 갖추고 있는지 구체적인 경험을 들어 제시했어요. 예를 들어 '조경학과는 협업이 중요하다'고 쓴 뒤, '나는 학창시절 내내 반장을 했고, 사교성도 좋다는 평을 들었다'는 식으로요. 자기소개서는 자신을 드러내는 거울이니까 솔직함이 가장 중요해요. 사실이 아니거나 마음에 없는 말은 아무래도 티가 나게 마련이거든요. 특히 지원 동기를 쓸 때 주의해야 해요.

교과성적도 궁금해지네요.

내신은 2등급 후반대. 모의고사는 그것보다 조금 더 높았던 것 같아요. 수능 등급은 언어 2, 수리 4, 외국어 3, 과학탐구 2등급이 나왔어요. 동기들에 비하면 부족했지만 고른기회 입학전형이라 입학이 가능했다고 생각해요.

미래의 후배들에게 한마디 해주세요.

진정으로 무엇을 하고 싶은지 찾으라고 말하고 싶어요. 평생을 보장해 줄 수 있다고 믿었던 직업이 점점 줄고 있는 만큼, '좋은 대학 좋은 학과'에만 얽매이지 말라는 말도요. 진학에 있어 학교, 학과 간판이 아니라 '어떤 일'을 하고 싶은지 고려하길 바라요. '어떤 직업'을 갖고 싶은지가 아니라 '어떤 일'을 하고 싶은지요. 부모님이나 선생님의 추천은 참고만 했으면 해요. 아, 그리고 입시나 직업에 관한 정보를 얻으면 다시 한 번 직접 확인하란 말도 덧붙일게요. 물론 제가 지금 한 말도요.

전국 4년제 대학의 조경학과

조경학은 외부 공간을 건축, 미술, 공학, 생태학, 원예학 등 여러 관점으로 바라보기 때문에 학문의 폭이 넓고, 타 분야와의 연계성도 상당히 높습니다. 때문에 소속 대학, 학과 명칭도 학교별로 다릅니다.

서울 건국대(산림조경학과), 고려대(조경학전공), 삼육대(환경디자인원예과), 서울대(조경학전공), 서울시립대(조경학과), 서울여대(원예생명조경학과)

경기 · 인천 가천대(조경학과), 경희대(환경조경디자인학과), 성균관대(조경심화프로 그램), 한경대(조경학과)

강원 강원대(조경학과), 강릉원주대(조경학과)

대전 · 충청 · 세종 공주대(조경학과), 단국대(녹지조경학과), 배재대(조경디자인학전 공), 상명대(환경조경학과), 청주대(환경조경학과), 중부대(환경조경 학과), 한국전통문화대(전통조경학과)

대구 · 부산 · 경상 경남과학기술대(조경학과), 경북대(조경학과), 경주대(조경학과), 계 명대(생태조경학과), 대구대(조경학과), 대구가톨릭대(조경학과), 동 국대(조경학과), 동아대(조경학과), 부산대(조경학과), 영남대(조경 학과)

광주 · 전라 동신대(조경학과), 목포대(조경학과), 순천대(조경학과), 우석대(조경도시 디자인학과), 원광대(환경조경학과), 전남대(조경학과), 전북대(조경학과 · 환경조경디자인학과), 호남대(조경학과)

19

다가오는 우주시대 준비
천문학과

천문학과를 조사하기 위해
각 대학 천문학과 홈페이지에 들어가 보았습니다.
마음이 설레더군요.
홈페이지 배경에 캄캄한 우주를 수놓은
별들로 장식된 사진들이 있었거든요.
낭만으로 시작하기엔 천문학은
어려운 학문입니다만 그만큼 매력 있는 학문입니다.
다가오는 우주시대를 준비하는
천문학과를 소개합니다.

우주에는 블랙홀이 있습니다. 어마어마한 중력으로 주변의 모든 것은 물론 빛조차 빨아들인다고 합니다. 빛을 흡수해 버리니 관측이 불가능해, 20세기까지는 블랙홀이 어떻게 생겼는지 아는 사람이 아무도 없었습니다. 단지 과학적 이론을 통해 블랙홀이 밝게 빛나는 원반 모습의 가스일 것이라고 예측했을 뿐입니다.

하지만 21세기, 인류는 드디어 블랙홀 관측에 성공합니다. 블랙홀 주변 일그러지는 빛에서 블랙홀의 윤곽을 포착한 것입니다. 블랙홀의 모습은 그동안 과학자들이 예상한대로 가운데에 검은 그림자를 품은 빛나는 고리 형태입니다. 한국이 운영하는 한국우주전파관측망과 동아시아우주전파관측망도 이번 관측에 참여했다니 참 가슴 벅차는 일입니다.

이번에 소개할 학과는 천문학과입니다. 천문학과는 블랙홀을 관측한 것처럼 우주를 발견하고 연구하는 학문입니다. 더 어렵게 소개하자면 광활한 우주와 그 안에서 일어나는 자연현상의 관측 및 연구를 통해 우주의 본질을 이해하고 우주환경의 이용과 개발에 기여하는 학문입니다. 이런 천문학은 최첨단 과학의 조력이 절대적이기 때문에 천문학의 발전 정도는 국가의 성장을 가늠할 수 있는 기준이 되기도 합니다. 세계 여러 나라와 같이 우리나라도 천문학을 발전시키기 위해 많은 노력을 기울이고 있습니다.

천문학을 전공하고 싶다면 장기적인 계획을 갖는 게 좋습니다. 천문학은 순수학문이기 때문에 대학원에 진학해 연구를 계속 진행하는 경우가 많습니다. 우주에 대한 호기심은 물론이고, 수학과 물리학 그리고 지구과학 등의 기초 과학에 대한 흥미가 있어야 합니다. 오랫동안 한 분야에 대해 심도 있는 연구를 진행해야 하므로 인내심과 꼼꼼함은 필수입니다. 그리고 다른 면으로는 치밀한 설득력도 가지고 있어야 합니다. 막대한 연구비용을 정부나 기관으로부터 얻어내고, 자신의 가설을 대중들에게 알리기 위해선 '말을 잘하는 능력'도 필요합니다.

　흔히 천문학을 '가장 오래됐지만 가장 최신인 학문'이라고 말합니다. 누구보다 먼저 미지의 세계에 발자국을 남기는 천문학. 그 매력적인 길로 초대합니다.

창의적 인재라면
천문학과로 오세요

세종대학교 물리천문학과 15학번 **박규상**

세종대 물리천문학과에 입학한 이유가 궁금해요.

고등학교 때 지구과학을 배우면서 천문학에 관심을 가지게 됐어요. 물리학과는 다른 학교에도 많지만 천문학과는 매우 희소해요. 물리학과와 천문우주학이 따로 개설되어 있었는데 15학번부터 합쳐졌어요. 현재 물리천문학과는 물리학과 천문우주학으로 세부 전공이 나뉩니다. '천문학'이란 이름을 가진 학과는 서울에 서울대와 연세대 말고는 없는 것으로 알고 있습니다. 세종대는 이 두 대학의 높은 허들을 넘기에 부족한 친구들이 오기에 좋은 학교라고 생각해요.

입학한 다음 첫 방학을 맞아 봤겠네요. 한 학기를 다녀보니 어떤가요?

여러 생각이 드네요. 먼저 학업은 학기 초에는 수업이 어렵지 않았는데, 중간고사 이후로 어려워지기 시작했어요. 그리고 대학에 입학하면 여자 친구가 생길 줄 알았는데…. 그저 평화롭게 한 학기를 보냈습니다. 학교에 작은 연못이 있는데 연못가에서 오리 구경하는 취미가 생겼어요. 오리들이 정말 귀엽거든요. 정말 평화로웠네요. 하하.

다른 학교의 물리천문학 관련 학과에도 여성이 적다고 하던데요.

오히려 세종대는 생각보다 여성 비율이 많아 놀랐습니다. 정원이 70명인데 남녀비율은 2대1 정도 돼요.

진로는 어떤가요? 학생의 꿈도 듣고 싶어요.

천문우주학 전공자의 경우 국립과학관, 한국과학문화재단, 청소년우주체험센터 등과 같은 과학단체에서 일을 하거나 한국천문연구원, 항공우주연구원, 한국전자통신연구원 등의 연구원으로 일할 수 있습니다. 또 컴퓨터 영상처리에 대해 깊게 배우기 때문에 의료진단을 비롯한 각종 영상처리 관련 업무를 하는 곳으로 취직하기도 하고요. 제 꿈요? 저는 전공과는 조금 다른 길을 가고 있어요. 저는 사진을 찍는 것이 꿈이고, 진로도 사진과 관련된 일을 하려고 해요. 학과에서 천체사진을 찍는 행사가 종종 있어요. 그런 기회를 잘 활용하고 있습니다.

어떤 학생들이 물리천문학과 어울린다고 생각하나요?

모든 과가 그렇겠지만 가장 중요한 점은 그 학문에 관심이 있어야 해요. 참고로 세종대의 경우 물리천문학과의 교육목표가 '물리학과 천문학의 기본원리를 탐구하고 이해하는 창의적이고 실천적인 인재의 양성', '과학기술의 올바른 적용을 통해 사회에 기여하고 봉사하는 전인적인 인재의 양성'입니다. 세종대 물리천문학과에 관심이 있다면 이런 인재상에 부합한지 생각해보세요.

성적은 어땠나요?

일반계 고등학교에 다녔고 내신이 5.0에 약간 미치지 못하는 정도였습니다. 스스로 생각하기에 만족스럽지 않은 성적이에요. 고등학교 첫 모의고사에서 수학 5등급을 맞았는데, 마지막 수능에도 수학 5등급이 나왔어요. 논술우수자전형(수리)으로 입학했고요. 따로 이 전형을 공부한 적은 없었어요. 정시에 더 집중했거든요. 평소에 수학 공부를 할 때 정의를 확실히 알고 넘어가도록 배웠는데, 이 점이 논술전형의 문제를 푸는데 유리했던 것 같아요. 총 3문제(세부문제 포함 10문제)가 나왔는데 그중 두 문제가 제가 완전히 알고 있는 부분이더라고요.

미래의 후배들에게 한마디 부탁드려요.

공부를 열심히 한다고 했지만, 저의 경우처럼 성적이 향상되지 않아 속상해 하는 학생들이 있을 거예요. 절대 좌절하지 말고 열심히 했으면 좋겠어요. 제가 수능성적이 낮았지만 논술우수자전형(수리)으로 입학할 수 있었던 것처럼 어떤 방식으로든 공부한 결과가 빛을 낼 거라고 생각합니다. 파이팅!

 전국 4년제 대학의 천문학과

우리나라의 천문관련학과를 소개합니다. 학과가 많지 않은 만큼 각 대학의 장단점을 꼼꼼히 확인해보세요.

경북대 천문대기과학과
천문학과 더불어 대기학에 대해서도 공부한다. 대기학은 대기상태, 대기운동, 대기현상과 대기오염, 오존층 파괴 등의 환경변화에 대해 연구하는 학문. 두 학문을 공부할수 있다는 것이 경북대의 장점이다.

경희대 우주과학과

우주학은 천문학과는 조금 다르다. 우주학은 인공위성과 우주선의 활용 등을 연구한다. 국내 대학캠퍼스로는 최대 규모의 광학망원경과 천문대를 보유하고 있다. 국제캠퍼스에 위치.

연세대 천문우주학과

1915년 한국에 천문우주학 교육을 처음 시작한 루퍼스 박사의 강좌와 함께 개설됐다. 오랜 역사를 가지고 있는 만큼 많은 석학을 배출했다. 한국 최초의 이학박사이며 세계적인 천문학자인 고㫦 이원철 교수가 대표적인 동문. 우리나라 최초의 자외선우주망원경 연구센터를 운영하고 있다.

충남대 천문우주과학과

충남대만의 특징이 있다면 인근에 대덕 연구단지가 있어서 이곳과 활발하게 교류한다는 점이다. 특히 대학원생의 경우 논문을 공동으로 지도받는다.

충북대 천문우주학과

2008년 대학원 전공으로 '대중천문과학'이 신설되었다는 점이 눈에 띈다. 어려운 천문학에 대한 지식을 일반 대중에게 쉽게 전달하는 허브 역할을 담당하는 것이 이 학과의 목표 중 하나.

서울대 물리 · 천문학부(천문학전공)

1958년 천문기상학과의 창립을 시작으로 2006년 물리 · 천문학부로 통합되어 운영되다 다시 2013년 물리 · 천문학부 천문학전공으로 독립적인 학사운영을 하고 있다. 우리나라 최고의 대학인만큼 그 자부심도 대단하다.

세종대 물리천문학과(천문우주학전공)

최첨단 우주망원경과 지상 거대망원경의 자료를 활용해 다양한 연구를 펼치고 있다. 2015학년 물리학과 천문학이 단일학과로 합쳐지며 시너지를 내고 있다.

20

치아의 제작
치기공학과

치아 교정이나 손실된 치아를 메우기 위해
치과를 찾는 경우도 많은데,
이 경우 치아에 씌울 각종 장치가 필요하지요.
치기공학과에서는 각종 교정 장치나
치아 보철물 등 구강 기구 제작을 배웁니다.

치아

는 입 안, 위아래 턱이 만나는 곳에 난 뼈입니다. 음식을 씹어 잘게 만드는 건 물론, 말할 때 정확한 발음을 돕습니다.

치아 배열은 매우 중요한데, 미관은 물론 구내 건강과 턱에도 영향을 미치지요. 그런데 간혹 타고난 치열이 고르지 못하거나, 성장 과정에서 습관 등으로 턱관절 균형이 무너져 치아 배열에 영향을 주는 경우도 많습니다. 이를 통틀어 부정교합이라 하며, 미관 및 건강상 여러 불편을 초래합니다. 치아가 삐뚤빼뚤하게 나와 다른 치아가 나올 자리를 막거나, 입 안을 다치기 쉬워져 구내염의 원인이 되기도 합니다. 무엇보다 턱관절에 필요 이상의 압력이 주어지게 되고요. 이 때문에 부정교합은 수술 내지 교정이 필요하며, 그 정도가 심하지 않아도 미관을 위해 교정하는 경우도 많습니다. 이때 교정기가 필요한데, 기구 종류도 다양하고 구조도 복잡하지요. 교정이 끝난 뒤에도 모양을 유지해 줄 고정 장치도 필요합니다.

한편, 구강에 설치하는 기구로는 깨지거나 빠진 이를 메워주는 보철물도 있으며, 금니나 틀니 등도 있습니다. '이 대신 잇몸'이라는 옛말과 달리, 치아와 잇몸은 둘 다 뼈 조직으로 서로 영향을 주고받습니다. 이가 빠지면 잇몸뼈도 약해지게 되므로 빠른 치료가 필요하지요. 이때 이가 빠진 자리에 보철물을 장착해 잇몸과 남은 이의 보존을 돕기도 합니다.

이런 구강 장치 제작은 원래 치과의사의 몫이었고, 지금도 면허증만 있으면 치과의사가 제작할 수 있습니다. 하지만 사람마다 구강 크기부터 치아, 치열 모양도 제각각이라, 각자에게 맞는 구강 기구를 제작하려면 많은 시간과 노력이 필요하므로 업무 부담이 커지지요. 이런 이유로 치과의사의 업무에서 구강 기구 제작이 분화되며, 이를 전문으로 제작하는 치과기공사가 등장합니다. 치과기공에는 치아 및 구강구조, 턱관절 등의 해부학적 지식이 필요하며, 다양한 재료의 이해도 필요합니다. 무엇보다 재료를 실제 치아 모양으로 다듬고, 장착 시 음식 섭취, 발음 등의 활동에도 불편이 없도록 가공해야 하므로 숙련된 기술과 미적 감각을 갖춰야 하죠. 치과기공사 역시 다른 보건전문가처럼 시험을 거쳐 면허를 획득해야 하며, 병원 내 기공소에 소속되기도 하지만 독자적으로 기공소를 열 수도 있습니다. 어느 쪽이든 치과에서 보내온 주문서를 토대로 장치를 제작하게 됩니다. 국내는 물론 해외로의 취업도 가능하고요.

평균수명 증가 등으로 치아 관리에 대한 관심이 커지는 한편, 의료보험을 적용받는 교정기와 보철물 범위도 늘고 있습니다. 기공 과정에는 3D 프린터 등의 첨단 장비도 도입되고 있지요. 하지만 구강 기능을 제대로 구현하기 위해선 수작업이 필요하므로, 치과기공사의 필요성은 여전할 것으로 보입니다.

도중에 알게 된, 가장 큰 길

부산가톨릭대 치기공학과 18학번 **조연희**

치기공학과에는 어떻게 오게 되었어요?

처음부터 치기공학과를 목표한 건 아니었어요. 치기공학과는 안전망 같았다고 할까요? '이런 길도 있으니 원하던 곳에 못 가더라도 너무 불안해하지 말라'며, 기공소를 운영하는 이모와 이모부께서 조언해 주었어요. 원서를 쓰면서도 '설마 여기 오겠어?'라고 생각했는데 다른 학과에 모두 합격했는데도 치기공학과에 진학하게 됐어요.

전문대 2·3년제 치기공학과에도 원서를 넣었지만, 이왕이면 4년제 중 치기공학과에서 알아준다는 부산가톨릭대에 가고 싶었어요. 부산가톨릭대는 보건계열로 유명하고 해외 취업 연계 프로그램도 잘 되어있어요. 한 학년의 4분의 1 정도 매년 학교와 연계된 해외 기공소를 나가요. 교수님들의 자부심과 열정도 대단해요. 처음 학과에 들어왔을 때 학과나 장래에 대해 아무것도 몰라서 막막했는데, 교수님들이 잘 이끌어 주었어요.

치기공학과에서는 어떤 걸 배우나요? 의용공학과, 치위생학과와의 차이점은 뭐예요?

치아 보철물을 만드는 방법뿐만 아니라 그 재료들의 물성, 특성에 대해 모두 공부해요. 임시로 들어가는 치아 하나부터 틀니, 교정장치까지 치과에서 구강에 장착하는 장치를 만드는 법을 배워요. 연구 분야로는 주로 치과 기기나 재료 제작이 있는데, 최근에는 반려견의 치아 보철물에 대한 수요도 늘어나, 관련 연구도 이루어지고 있어요.

의용공학과와는 의료기기를 만든다는 점에서 비슷하지만, 의용공학은 조금 더 폭넓은 기기를 만들고 치기공학은 구강에 한정된 기기를 만든다는 점이 달라요. 교정 장치부터 작은 크라운crown, 치료를 위해 치아에 씌우는 왕관 모양의 기구 하나까지 만드는 게 저희 일이니까요.

치위생학과는 보철물 관련보다는 생물학이나 해부학 쪽을 더 많이 배운다고 들었어요. 물론 치기공학과도 치아나 구강해부학에 관련된 부분을 배우지만, 치위생사 쪽은 환자를 직접 상대하는 쪽이고 치기공사는 환자의 보철물을 만드는 쪽이라 업무 성격도 많이 다르죠.

1학년 때부터 전공수업을 시작하나요?

1~2학년 때는 생물학, 화학 같은 기초 과학과 함께, 치아의 기본적인 모양을 배우거나 보철물 제작의 기초 지식을 배워요. 대개 이론 먼저 배우고, 다음 학기에 실습을 연계합니다. 예를 들어 1학년 1학기 때 치아형태학을 들었다면, 1학년 2학기 때는 치아형태학 및 실습을 들어서 내용을 손으로 익히게 돼요. 이외에도 재료과학과 치과재료학으로 보철물이나 기구에 사용하는 재료들의 물성과 특성에 대해 공부하고, 생물학의 심화 수업으로 쇄골 위쪽까지의 구조를 다루는 구강해부학을 따로 배우기도 했어요.

지금 3학년인데 2학년 때 미리 이론 공부를 마친 치과도재학 실습, 고정성보철기공 실습을 해요. 금속을 이용해 보철물을 만드는 거죠. 또 근래에 *AUTO CAD가 많이 발달하고 **CAD·CAM이 상용화되어서 CAD·CAM 실습수업을 듣고 있어요. 3학년이 되니까 실습수업이 거의 과목의 반을 차지할 정도여서 점점 취업이 가까워지고 있다는 생각이 들어요. 또 용어부터 생소했던 1학년 때와는 다르게, 지금은 대부분의 내용을 이해할 수 있어서 더 재미있게 느껴져요. 실습도 마찬가지로, 방학 때 현장 실습에서 배운 내용이 쌓이니까 더 익숙하고 재미있어요.

*AUTO CAD Computer Aided Design, 컴퓨터 보조 설계. 기계, 건축 분야 등의 설계과정에서 컴퓨터 그래픽을 사용해 도면 관련 작업을 하는 기술.
**CAD·CAM Computer aided Manufacture, 컴퓨터 응용 생산. 컴퓨터를 이용해 제품의 제조, 공정, 검사에 필요한 각종 정보의 처리를 자동화하는 프로그램. 설계작업 담당인 CAD와 데이터베이스를 공유해 사용하기도 한다.

실습 얘기가 나와서 말인데, 실습수업에 관한 이야기도 듣고 싶어요. 1학년 때부터 실습수업이 있던데, 난이도는 어느 정도인가요?

1학년 때는 아무것도 모르는 상태여서 주로 치아 모양을 익히고, 보철물 제작 과정을 재미있게 알 수 있도록 수업을 진행해요. 왁스로 원하는 치아 모양을 만들고, 그걸 금속으로 제조해 반지를 만들거나 모형을 제작하는 수업부터, 1학년 1학기 때 배운 치아형태학을 바탕으로 석고를 직접 부어서 만든 모형을 깎는 수업도 했어요.

2학년부터 4학년에 걸쳐 본격적으로 실무에 필요한 실습을 해요. 실습 전 한 학기나 두 학기에 걸쳐 이론을 먼저 공부해요. 흔히 볼 수 있는 금속 보철물부터 틀니, 부분 틀니까지 다양한 보철물을 만들어요.

치기공학과는 다른 학과에 비해 실습수업이 매우 많고 필요한 장비도 큰 편이라 건물 한 층 전체를 실습실로 사용하고 있어요. 특히 주조실이라고 불리는 큰 실습실에서는 위험하거나 큰 장비들을 사용해요. 때문에 보통 실습도 한 곳에서 하기보다 일반 실습실과 주조실을 오가면서 해요. 실습을 하면서 불을 다루거나 입자가 작은 재료들, 독한 재료들을 사용할 때가 많아서 기본적으로 마스크를 착용해야 해요. 불을 쓸 때는 금속을 녹이는 거라 강한 화력의 토치를 사용해야 해서 꼭 장갑과 보안경을 쓰고요. 이 외에도 작은 실수가 큰 사고로 이어질 수 있어서 안전에 유의해야 하죠.

2020년 코로나가 유행하면서 개강 8주차까지는 이론으로 대체돼 온라인 강의를 듣다가, 최근 아침부터 저녁까지 대면 강의를 시작했어요. 짧은 기간 동안 소규모 인원으로 시간 및 장소를 나누어 실습을 진행해요.

외부 실습도 나가게 되나요?

치과에 딸린 기공소나 일반 기공소로 외부 실습을 나가는 경우가 많아요. 1학년 여름방학 때는 치과에 있는 기공소로, 지난 방학 때는 기공소로 실습을 나갔어요. 주로 교수님이 소개해 주지만 직접 기공소에 전화해서 실습생으로 가도 될지 허락을 받기도 하고, 아르바이트생으로 가기도 해요. 기공소에 가면 일반 기사님들과 같이 9시부터 6시까지 실습을 해요. 실습을 나가도 누가 할 일을 가르쳐 주는 경우가 드물어서 자기가 할 일을 많이 찾아서 할수록 경험을 많이 쌓을 수 있어요.

오랜 시간 정밀 작업이 필요할 텐데, 체력과 집중력도 많이 필요하겠어요.

짧은 시간 집중력을 발휘해 일을 끝내는 사람한테 어울리는 작업이에요. 특히 손이 빠르고 야무진 친구들은 치기공학과에 오면 정말 잘할 겁니다. 제 친구들을 보면 대부분 활기차게 다른 일을 하다가도 순간 집중해서 일을 빠르게 끝내는 경우가 많아요. 물론 워낙 오래 앉아있어야 하는 일이다 보니, 무언가를 꾸준하게 잘하는 학생들도 잘 해낼 거고요.

치기공사로 활동하려면 면허가 필요한데, 시험을 어떻게 치르는지 궁금해요.
치기공사 국가고시는 치기공과를 졸업했거나, 졸업한 사람만 치를 수 있어요. 시험은 이론과 실기로 나누어서 보는데, 이론과 실기 모두 학교에서 준비하고 배우는 편이에요. 1학년 때부터 4학년 때까지 듣는 전공 과목 대부분이 국가고시에 나온다고 생각하면 돼요. 실기도 실습수업에서 지난 실기 시험 문제를 통해서 대비하고, 4학년이 되면 따로 학교에서 고시 대비반을 개설해 원하는 사람을 받고 있어요. 대비반엔 이론 강의도 있어, 자기가 부족하다고 생각하는 이론 부분도 보충할 수 있고요.

졸업 후에는 대부분 치과에서 일하나요?
치과보다는 치기공소에 가는 경우가 많아요. 물론 치과에 딸린 치기공소에 가기도 해요. 기공소가 딸린 치과보다는 독립된 기공소 수가 더 많기 때문에 기공소에 취직을 많이 해요. 정확한 비율은 모르겠지만, 병원을 지망할 경우에는 일반 병원보다는 학교랑 연계되어서 갈 수 있는 대학병원 쪽을 선택한다고 들었어요.
각 기공소마다 스타일이나 업무 방식이 다르기 때문에 근무 환경과 강도는 다양해서 특정하긴 힘들어요. 제 주위에 국내보다는 해외 취업을 생각하는 친구들이 많아서 국내에 취업하려고 생각하는 친구들의 생각은 잘 모르겠어요. 기공소 외에도 연구소나 치과 기자재 업체 쪽으로 가는 선배들도 많다고 들었어요.

이후 진로는 어떻게 할 생각이에요?

치기공으로 갈 수 있는 길이 많아 고민 중이에요. 대학원에 진학해 치과의사가 되는 길도 있고, 국내에서 치기공사로 일하다가 치기공소를 차리거나, 해외로 나가는 길도 있어요. 일단 어떤 걸 하든 중요한 건 전공지식을 쌓고 영어 시험 준비를 하는 거예요.

졸업 후 여러 선택지가 있으니 취업에 대한 걱정보다는 나중에 제가 무얼 해야 행복할지 고려하고 있어요. 전 불안하면 그곳에 마음이 쏠려 시간을 많이 쏟는 편이라, 나중에 제가 선택할 수 있는 길이 확실히 있는지가 정말 중요하더라고요.

진로가 여러 갈래라 고민이 많겠네요. 이번에는 입시 질문으로 넘어갈게요. 정시로 입학했는데, 수능 100%였나요?

네, 맞아요! 제가 입학할 땐 국어, 수학, 영어를 각각 25%로 반영했고, 탐구과목 중 두 과목을 합쳐 25%가 반영됐어요. 수학의 경우 가형 응시자에게 표준점수의 2%를 가산점으로 부여했고요. 요즘 모집기준도 딱히 달라진 건 없어요.

수능은 어떻게 준비했나요?

한 달짜리 플래너를 써서 최대한 시간 낭비를 줄이려고 노력했어요. 게임을 좋아해서 공부하다가도 한눈을 많이 파는 편이었는데, 플래너를 쓰고 매일 공부한 시간을 꾸준히 기록하니 딴짓하는 시간이 줄더라고요. 과목 중에서 영어에 약한 편이라 더 꾸준히, 매일 공부하려고 노력했어요. 예를 들어 단어 외우기가 안 되는 날이 있으면 하루 정도는 미루되, 대신 문법이나 독해 등 다른 부분을 더 많이 보충했지요. 수학의 경우 모의고사를 풀고 제가 약한 단원이나 유형의 문제가 보이면 관련 문제들을 모아 한꺼번에 푼 게 도움이 됐어요. 실제로 공부할 때 많이 틀렸던 유형의 문제가 수능에 나왔는데, 모두 쉽게 풀고 넘어갈 수 있었거든요. 국어는 혼자 오답노트를 했던 게 도움이 됐던 것 같아요. 문제를 틀리면 답만 확인하고 넘어가지 않고, 틀린 이유를 찾고 오답 패턴을 분석했어요. 그렇게 하니 제가 자주 틀리는 유형과 부족한 문제들이 보이더라고요.

미래의 후배들에게 한마디?

치기공학과는 정말 전망도 밝고, 취업도 잘 되는 학과니까 다른 곳이랑 고민된다면 주저하지 않고 왔으면 좋겠어요. 특히, 해외 취업을 생각하는 친구들은 더욱. 사람들이 잘 모르는 분야지만 그만큼 블루 오션이라고 생각해요. 단지 치기공사란 직업뿐 아니라 다양한 것들을 꿈꿀 수 있을 거예요. 초반에는 익숙하지 않아서 많이 힘들겠지만 조금만 익숙해지면 곧 실습도, 이론도 재미있어질 거예요. 파이팅!

 전국 대학의 치기공학과

치기공학과는 4년제는 물론, 2·3년제 대학에도 개설되어 있습니다.

4년제 경동대, 부산가톨릭대, 신한대

2·3년제 광주보건대, 대구보건대, 대전보건대, 동남보건대, 동아보건대, 마산대, 목포과학대, 수성대, 신구대, 원광보건대, 제주관광대, 진주보건대, 충북보건과학대, 혜전대

21

치아 건강 지킴이
치위생학과

치과, 분명 편한 장소는 아니지만
건강한 치아를 위해 주기적으로 찾아가는 곳이죠.
치과의사를 도와 환자들이 편안하게 치료받고
건강한 치아를 유지할 수 있도록
돕는 이들이 치위생사입니다.
오늘은 치위생학과에 대해 알아봅시다.

가고

싶지 않지만, 안 갈 수 없는 치과. '치과'하면 떠오르는 괴로운 추억이 없는 사람이 과연 있을까요?

치과를 찾는 환자의 연령대는 다양합니다. 어린 치아가 몇 번 교체되면서 치과를 찾고, 사랑니가 나거나 치아나 잇몸 질환 때문에 치과에 가기도 합니다. 주기적으로 구강 건강 관리를 위해 치과에 가기도 하고요. 치과에서 하는 일이 정말 다양하지요?

치위생사는 우리가 치과에 갔을 때 의사와 호흡을 맞춰 환자의 치료를 돕습니다. 하는 일이 어떻게 다르냐고요? 의료기사 등에 관한 법률에서 치위생사의 업무 범위를 정해놓았어요. 환자 병력 검토, 치석 제거스케일링, 방사선 촬영, 의료장비 관리, 병원 행정 업무, 치과의사의 각종 진료를 돕는 역할을 합니다.

진료행위는 의사의 몫이지만 치위생사는 그 외의 많은 일을 담당하고 있습니다. 진료를 돕고 치료 전후로 환자에게 진료 내용과 구강 관리 방법을 안내해야 하니 진료의 내용과 원리를 잘 이해해야만 하죠.

진료 과목에 따라 보조하는 업무는 조금씩 달라집니다. 치과 진료는 섬세하고 복잡하기 때문이지요. 그래서 치위생학과 학생들이 공부할 내용도 매우 많습니다. 실습도 빼놓을 수 없지요. 치위생사 자격시험에는 이론뿐만 아니라 실기도 포함됩니다. 치석 제거나 치아 홈 메우기 등 일상적인 관리 시술은 물론 환자들에게 전달할 구강 보건 교육을 시범해 보이기도 하죠.

보건계열 국가자격증이 나오는 만큼 취업은 안정적인 편입니다. 대부분 치과에 취업하지만 병원에서만 일하는 것은 아닙니다. 치아 관련 보험 회사나 치과와 관련된 기업에서도 치위생사를 찾습니다. 중요한 것은 취업 이후입니다. 어느 직업이나 그렇듯 '자기하기 나름'이니까요. '내가 어떤 치위생사가 될지' 고민하는 것이 중요하겠죠. 분명 그 고민에 대한 답은 가까이 있을 거예요.

치위생사는 구강 질병 예방 전문가

을지대학교 치위생학과 16학번 **임은선**

겨울방학이 오고 있는데. 방학에 하고 싶은 일이 있다면?

대학생으로 맞는 마지막 겨울방학이라서 여행을 많이 다니고 싶어요. 대학 친구들과도, 중학교 때 친구들과도 놀러갈 날짜를 조율 중이에요. 영어 공부도 하려고 해요. 졸업을 하려면 외국어 점수가 필요해서 토익시험을 봤는데, 고등학교 졸업 후 영어 공부를 안 했더니 성적이 떨어졌어요. 방학에 토익을 800점대까지 올리는 게 목표예요.

치위생학과에는 어떻게 오게 되었어요?

고등학교 2학년까지 진로를 확실히 정하지 못하다가, 입시박람회에 다녀오고 치위생학과에 진학하기로 마음먹었죠. 입시상담을 하면서 치위생학과에서 생각보다 많은 것을 배울 수 있고 보건전문직이라 취업의 폭도넓다는 것을 알았어요. 부모님도 진학에 긍정적이었고요. 학교를 알아보니 수도권 대학 치위생학과는 대부분 3년제라 전문학사를 취득하지만 가천대, 을지대는 4년제라 학사를 취득할 수 있더라고요. 을지대는 그중에서도 상위권이어서 꼭 가고 싶었어요.

문이과 교차지원이 가능하죠?

네. 저도 문과였고 교차지원으로 들어왔어요. 치위생학과에서 가장 중요한 전공 지식은 구강 구조나 발달, 치아의 형태, 특성 등이고 인문, 자연계 모두 출발점이 비슷해요. 저도 충분히 이해하고 수업을 따라갈 수 있었죠. 생물학이나 화학도 기초부터 배운 후 심화수업을 해서 강의를 놓치지 않고 집중하면 수업을 잘 따라갈 수 있어요. 이과였던 친구들에게 '이과니까 더 잘 이해하겠다'고 말하면 오히려 '우리도 너희와 비슷하다'는 답이 돌아와요.

학과에서 치위생사의 역할을 배우는데, 치위생사는 구체적으로 어떤 일을 하나요?

많은 사람이 치위생사라 하면, 치과의사 옆에서 석션_{침 등의 이물질 제거}이나 스케일링을 하는 정도의 직업이라고 생각하더라고요. 하지만 그건 업무의 일부예요. 치과의사가 질병 치료에 중점을 둔다면, 치과위생사 업무는 구강질병 예방 중심이에요. 구강질병이 발생하지 않도록 치석 등을 제거하고, 구강을 관리할 때 안 좋은 습관이 있으면 발생할 수 있는 구강질병에 대해 설명하고, 올바른 구강 건강관리법 등을 교육해요. 환자의 상태를 관찰해 당뇨병 등의 전신질환이나 치과 공포 등이 있는 환자라면 혹시 모를 사고에도 대비하죠.

치과위생사의 업무는 치과 과목에서도 세세하게 나뉘어요. 치열이 고르지 못한 치아를 반듯하게 만들거나 치아 사이 공간을 없애는 치과 교정과, 틀니나 충치 치료 후 치아에 씌우는 보철물을 다루는 치과보철과,

소아 환자들을 다루는 소아치과, 충치치료를 통해 치아를 유지하는 것에 중점을 두는 치과보존과, 잇몸병을 중점으로 다루는 치주과, 턱관절이나 양악수술 등을 다루는 구강악안면외과, 구강건조증 등을 다루는 구강내과 등이 있어요.

어떤 적성의 학생이 치위생사에 어울릴까요?

꼼꼼하거나 적극적인 성격의 학생들이 잘 어울리는 것 같아요. 직접 환자를 만나 교육, 상담을 하는 것이 치위생사의 주 업무라, 아무래도 낯을 많이 가린다면 환자들을 만나는 데 어려움을 느낄 수 있다고 생각해요. 초음파 스케일러나 수동 기구를 다루고 인상재치과에서 입안 구조를 복제할 때 쓰는 재료를 혼합하는 등 여러모로 손을 쓰는 작업이 많아서 손재주가 좋고 꼼꼼한 것도 중요하고요.

요즘 경기도에서 '꿈의 대학'이라는 프로그램을 진행하고 있어요. 기초 이론을 알려주고 간단한 실습을 진행하면서 전공을 맛볼 수 있는 프로그램이에요. 치위생학과에서는 간단한 구강검진이나 인상재를 혼합해서 실제로 인상을 만들어보는 체험을 할 수 있어요. 관심이 있다면 전공별 프로그램을 들어 보는 것을 추천해요.

치위생학과가 보건학과 중에도 실습이 정말 많은 편이라던데.

치위생학과는 배운 지식을 실천할 수 있는지가 중요한 전공이라 실습이 많은 편이에요. 학교 실습수업도 2학년부터 시작해요. 2학년 때는 기구 다루는 법과 전반적인 치과진료에 대해 배우고, 3·4학년 때는 대상자를 데려와 구강검사를 하고 구강관리계획과 예방 처치, 구강건강관리교육 방법과 차트 작성방법을 배워요. 특히 3학년에는 여름방학과 겨울방학에 총 10주 동안 외부 치과의료기관으로 실습을 나가요. 학교에서 배운 내용을 실제 임상에서는 어떻게 적용해야 하는지 알 수 있고, 실제 업무에 필요한 센스를 익히는 중요한 시간이에요.

4학년이면 곧 졸업이겠네요. 졸업 준비로 바쁘겠어요.

국가고시에 합격해야 면허를 취득할 수 있어서, 지금은 국가고시 준비로 바쁘게 보내고 있어요. 졸업시험도 국시 모의고사를 본 점수를 합한 걸로 대체하고요. 대신 졸업논문을 작성해야 해요. 사실상 3·4학년 때 하는 가장 중요한 공부예요. 3학년 말 논문기획안을 작성, 교수님을 비롯해 전 학년 학과생 앞에서 발표하고 질의응답 시간을 가진 뒤, 겨울방학과 4학년 1학기 동안 연구를 진행해 1학기 말 학술제에서 그동안 연구한 걸 발표해요. 그 후 연구한 내용으로 논문을 작성해요. 뿐만 아니라 학교에서 모든 학생에게 지정한 봉사시간, 심폐소생술, 정보기술, 외국어 분야 졸업요건도 다 채워야 졸업할 수 있어요.

국가고시를 어떻게 치르는지도 궁금하네요.

치위생사 국가고시는 보통 연 1회 진행돼요. 한국보건인국가시험원 홈페이지에서 응시원서 접수를 해요. 시험은 실기와 이론으로 나뉘고 실기를 먼저 치러요.

실기시험은 마네킹에 덴티폼이라는 치아모형을 장착하고, 수동기구를 이용한 치석탐지·치석제거동작의 숙련도를 평가해요. 실기시험은 교수님 지도 아래 매주 부위별로 3~4개 항목을 연습하고 지도를 받아요. 이론시험은 2주에 한 번 모의고사를 보면서 준비하고요.

실기시험은 보통 11월 중후반, 이론시험은 12월 말이나 1월 초에 실시

돼요. 겨울이 다가오고 있으니 학과 동기들이 모두 바쁘게 국가고시 준비를 하고 있어요.

치위생사가 되면 대부분 치과 근무를 목표로 하겠네요.

동기들 대부분은 치과 취업을 우선으로 생각하고 있어요. 근무환경을 가장 중요하게 여기더라고요. 감염관리나 진료환경에 대해 자신이 어느 정도 수준까지 의견을 낼 수 있을지, 복리후생은 어느 정도 보장받을 수 있을지, 직원 간 분위기는 어떨지 등이요.

많은 사람을 만나는 일이 부담스러운 친구들은 회사에 취업하거나 보건공무원이 되는 걸 생각하고 있더라고요. 치과관련 기업의 연구소에 갈 수도 있고요. 그 밖에도 건강보험심사평가원이나 군무원으로 국군수도병원 취업을 하는 등 갈 수 있는 분야는 다양해요. 지금 군인 신분이라 졸업 이후 면허를 취득해 국군수도병원에 취업할 예정인 동기도 있어요.

은선 씨는 어떤 일을 하고 싶어요?

자대 대학원 진학 준비를 하고 있어요. 3학년 때부터 공부를 더 하고 싶다는 욕심이 생겨서 대학원에 진학하기로 결정했어요. 입시모집 요강을 살펴보거나 교수님을 찾아뵙는 등 진학에 필요한 것들을 준비하고 있어요. 지금은 자기소개서를 쓰려고 구상 중이에요. 대학원을 마친 후에는 치과재료 관련 기업에 연구직으로 취직하고 싶어요. 자리가 많지 않은 직업이라 쉽지 않겠지만 연구를 계속 할 수 있다는 점이 매력적으로 느껴져요.

입시 질문으로 넘어갈게요. 수시 교과적성우수자 전형으로 들어왔어요. 적성고사를 치르는데, 적성고사는 어떤 시험인가요?

교과적성우수자 전형은 내신성적과 적성고사 성적을 합해 신입생을 뽑는 전형이에요. 적성고사는 지원하는 학교에서 출제하는데 국어, 영어, 수학 세 과목을 봐요. 학교마다 문제 비율은 각각 달라요. 삼색볼펜과 컴퓨터용 싸인펜은 직접 나눠주니까 필기구는 안 가져가도 돼요.

지원하는 학교에서 시험을 보고, 시험시간은 총 1시간이에요. 보통 시험 시작시간 30분 전, 늦더라도 10분 전까지는 입장해야 문제없이 시험을 볼 수 있으니 시간 엄수도 중요해요. 지원 학과에 따라서 아침 시험, 오후 시험으로 나누어서 진행하니 꼭 확인하세요.

제가 지원할 때 교과적성우수자 전형은 학생부 60%에 적성고사 40%를 반영했어요. 수능 최저등급은 없었고요. 내신 3~4등급 학생들이 많이 지원하고, 적성고사 비중이 꽤 커서 준비를 잘 하면 좋은 대학에 합격할 확률이 높아져요.

적성고사는 어떻게 준비했나요?

고3 봄방학 때부터 준비했어요. 입시 박람회에서 입시 전형에 학생부나 수능이 전부가 아니란 것, 생각보다 많은 대학에서 적성고사를 시행하고 있다는 걸 알게 되었죠. 적성고사 문제는 수능문제와 유형이 달라서 지원 대학의 적성고사 문제집을 두 권씩 푼 뒤 오답정리를 했고, 시험 2주 전부터는 입시박람회에서 받은 여러 대학의 문제지로 실제 시험처럼 시간을 재며 문제풀이를 연습했어요. 시험 시간이 아침 10시라, 아침에 일찍 일어나 문제를 풀었죠.

학생부 비중도 크던데, 평소 내신은 어떻게 준비했나요?

저는 내신이 3점 초반으로 높은 점수는 아니었어요. 게다가 영어를 제외하곤 학원을 다니거나 과외를 하지 않아서 수업시간에 최대한 집중하고 필기를 열심히 하면서 공부했어요. 보통 내신 시험공부는 2주에서 3주 정도 했는데, 시험 전 주에는 거의 밤을 새워가며 공부했고요. 평소에는 주로 문제집을 풀었어요. 인터넷 강의 동영상을 보는 친구들도 많았지만, 저는 동영상을 보면 집중도 안 되고 자꾸 졸게 되어 차라리 해설이 자세한 문제집들을 보는 게 낫더라고요. 문제집 하나당 대략 3~4번씩은 풀어봤던 것 같아요. 처음 한 번은 전부 풀고, 두 번째는 틀린 문제들만 풀어 보고 세 번째에 다시 전체 문제를 푼 다음에 마지막에는 문제를 풀면서 제가 생각하는 정·오답 이유와 해설지의 풀이를 비교했어요.

미래의 후배들에게 한마디?

이제 10대는 지나가고 20대가 되어 성인이 될 거예요. 4년 전 저는 설렘과 동시에 이제 성인으로 책임이 따르는 것에 부담감, 두려움도 느꼈어요. 그런데 막상 4학년까지 지나고 보니 생각보다 두려울 필요도, 부담을 느낄 필요도 없었다는 것을 말하고 싶어요. 다만 자신이 감당해야할 책임이나 의무들을 그냥 지나치지 않았으면 해요. 대학은 사회로 나가기 전 예행연습을 해볼 수 있는 곳이라 생각하거든요. 모두 원하는 결과를 얻기 바라요!

전국 대학의 치위생학과

치위생학과는 4년제 학과는 물론 2·3년제 대학에도 개설되어 있습니다.

4년제

가천대, 가톨릭관동대, 강릉원주대, 강원대, 건양대, 경동대, 경북대, 경운대, 광주여대, 김천대, 남서울대, 단국대, 동서대, 동의대, 백석대, 선문대, 송원대, 신라대, 신한대, 연세대, 영산대, 유원대, 을지대, 청주대, 초당대, 한서대, 호남대

2·3년제

가톨릭상지대, 강동대, 강릉영동대, 경남정보대, 경복대, 경북전문대, 고구려대, 광양보건대, 광주보건대, 구미대, 김해대, 대구과학대, 대구보건대, 대원대, 대전과학기술대, 대전보건대, 동남보건대, 동부산대, 동아보건대, 동주대, 마산대, 목포과학대, 백석문화대, 부산과학기술대, 부산여대, 삼육보건대, 서라벌대, 서영대, 송호대, 수성대, 수원과학대, 수원여대, 신구대, 신성대, 안동과학대, 여주대, 영남외대, 영남이공대, 울산과학대, 원광보건대, 전남과학대, 전북과학대, 전주기전대, 전주비전대, 제주관광대, 진주보건대, 청암대, 춘해보건대, 충북보건과학대, 충청대, 포항대, 한림성심대, 한양여대, 한영대, 혜전대

22

컴퓨터의 꽃, 소프트웨어
컴퓨터공학과

IT기술로 우리의 삶은 더욱 풍족해졌습니다.
이제 스마트폰이나 PC를 쓰지 않는 삶은
상상할 수 없을 정도인데요,
가끔 유용하고 재미있는 앱을 볼 때마다
이걸 만드는 천재가 누구인지 궁금하기도 합니다.
앱과 같은 소프트웨어를 배우는
컴퓨터공학을 알아봅시다.

컴퓨

터공학은 소프트웨어를 중점으로 소프트웨어를 만드는 데 필요한 프로그래밍 언어, 운영체제, 데이터베이스 등을 연구하고 배우는 학문입니다. 과학과 공학, 양쪽 모두를 심도있게 배우기 때문에 학문의 범위가 매우 넓고 복잡합니다. 그래서 학교마다 개설되는 모양도 조금씩 다른데요, 하나의 단일한 학과로 만들어지기도 하고 큰 학부로 컴퓨터공학을 다루고 그 안에서 보안, 프로그래밍 등 세부 전공을 다시 나누기도 합니다.

컴퓨터나 스마트폰으로 인터넷을 쓰고 프로그램이나 앱을 설치하고, 게임도 하고… 모두 우리 생활과 너무나 밀접하게 연결된 부분입니다. 때문에 컴퓨터공학 전공자 수요는 줄지 않고 있으며, 진로도 다양합니다. IT업체에서 프로그래밍 업무를 담당하거나 각종 회사의 홈페이지를 관리하는 웹마스터, 정보 시스템을 설계하는 시스템 엔지니어, 정보보안 전문가, 인공지능 설계, 멀티미디어 설계 등의 길이 열려 있습니다.

어떤 진로를 선택하더라도 컴퓨터에 명령어를 넣거나 소프트웨어를 만들 수 있는 기술이 필요하므로 졸업 전 실무경험을 쌓는 게 중요합니다. 기업에서 경험을 쌓는 것도 좋고, 최첨단 장비를 다뤄볼 수 있기 때문에 군대에서의 정보병 근무도 좋은 경험이 된다고 합니다. 외국어영역, 특히 영어는 필수인데요. 대학의 전공 서적 대부분이 영어로 된 데다 해외에서 나오는 새로운 정보를 빠르게 습득할 수 있기 때문입니다.

컴퓨터공학 역시 다른 공학과 마찬가지로 수학과 물리에 대한 이해가 필요합니다. 컴퓨터 언어에 흥미가 있다면 더 좋고요. 하지만 가장 중요한 건 바로 새롭고 재미있는 생각을 해내는 능력입니다. 남들이 상상하지 못하는 창의적인 생각이 바로 IT업계를 움직이는 힘이 되거든요. 상상력은 분명 공부만으로 채워지는 것은 아니지만, 그게 타고난 천재성을 의미하는 건 아닙니다. 하드웨어와 소프트웨어를 만들고 사용하는 건 결국 평범한 사람들이니까요.

새로운 것을 만드는 데는 많은 시행착오도 따르며, 실패를 받아들이고 다시 일어설 수 있는 긍정적인 마음도 필요합니다. 컴퓨터를 좋아하고 새로운 것에 도전하는 걸 두려워하지 않는 여러분이라면, 분명 컴퓨터공학의 매력을 느낄 수 있을 것입니다.

물리와 C언어 예습을 추천해요

한양대학교 컴퓨터공학부 컴퓨터전공 15학번 **임성준**

컴퓨터공학과 진학을 결정한 계기가 궁금해요.

중학교 때부터 IT 회사를 경영하는 게 꿈이었거든요. 진로를 고민하다 컴퓨터 공부가 가장 필요하다고 생각했고, 컴퓨터공학부를 목표로 공부 했어요. 원하던 곳에 오게 돼서 너무 기쁩니다!

한양대는 컴퓨터전공과 소프트웨어전공으로 나뉘네요.

우선 두 전공을 나누는 중요한 기준은 바로 장학금이에요. 한양대에는 '다이아몬드 학과' 라 불리는 7개 학과가 있는데, 학교에서 모든 학과생 에게 전액장학금을 지급하고, 국내 대기업과 산학협력을 체결해 실질적 공부를 할 수 있도록 다양한 지원을 해주는 학과들입니다. 그중 하나가 소프트웨어전공(이하 소전)인데요, 등록금 고민을 더는 만큼 입학기준이 까다롭고 입학 후에도 다른 학생들보다 열심히 해야 해요. 수업도 소전이 컴퓨터전공(이하 컴전)보다 진도가 빠르고, 실습시간 등도 소전이 좀 더 시간 확보가 많이 되어 있죠.

하지만 둘 다 같은 학부니까 학내행사는 물론 학생회도 함께하고 있죠. 서로 다른 학과에 입학하더라도 친해질 기회가 많으니 걱정할 필요는 없어요. 이게 한양대 컴퓨터공학부의 가장 큰 장점 같아요. 다른 전공 친구들과 이렇게 많은 교류를 하고 친해질 수 있는 게 흔한 건 아니니까요!

전자공학, 정보통신공학과는 어떻게 다른가요?

컴퓨터공학은 소프트웨어, 전자공학은 하드웨어, 정보통신공학은 소프트웨어와 하드웨어 모두를 배우는 학과라고 할 수 있습니다. 전자공학이 부품 개발에 필요한 전자들의 운동 등을 배운다면, 컴퓨터공학은 컴퓨터로 사용하는 다양한 프로그램을 만든다고 생각하면 돼요. 정보통신공학은 컴퓨터공학의 상위 개념으로 보면 됩니다. 한양대 컴퓨터공학부의 경우에도 2009년 정보통신대학이 공과대학으로 통합되면서 이름도 지금처럼 컴퓨터공학부로 변경됐어요. 약간의 차이는 있어도 컴퓨터공학, 전자공학, 정보통신공학 모두 IT계열로 서로 밀접한 관계입니다.

공대생활은 어떤가요?

1학년을 정말 바쁘게 보낸 것 같아요. 기본 전공을 익히는 것만으로도 벅찼어요. 전 학생회와 동아리도 병행해서 더 바빴던 거 같네요. 확실히 공대가 바쁘긴 해요. 과제도 많고 크고 작은 시험이 거의 매일 있으니까요.

기억에 남는 수업이 있다면?

물리수업이 어려웠어요. 고등학교 때도 물리는 열심히 해도 점수가 잘 안 나와 수능에서 선택하지 않았거든요. 그런데 대학에 입학하자마자 물리를 배우려니 따라가기 힘들더라고요. 컴퓨터공학을 생각한다면 수능에서 물리를 선택하는 것도 좋아요. 당장은 재미없어도 컴퓨터공학에선 필수적이니 미리 기초를 다지는 게 큰 도움이 될 테니까요. 흥미로운 수업도 많아요. 저는 C프로그래밍이 가장 재밌었어요. 교수님이 쉽고 재미있게 가르쳐주셔서 C언어를 즐겁게 배울 수 있었거든요. 처음 제 컴퓨터 화면에 'HELLO, WORLD'가 떴을 때의 기분은 아직도 잊을 수가 없어요!

컴퓨터공학과 맞는 인재상이나 적성은 무엇이라고 생각하나요?

일단 컴퓨터에 관심이 있으면 반은 된 거라 생각해요. 물론 관심이 없는 학생들이 들어와서 나중에 관심이 생길 수도 있지만 매우 드문 경우이기 때문에, 자신이 배울 전공에 최소한의 관심이 있어야 한다고 생각합니다. 프로그래밍을 하는 것에 열정을 가지고, 실패하더라도 계속 시도하는 끈기가 있으면 좋아요. 무엇보다도 가장 중요한 것은 창조성이에요. 사실 사람들이 생각할 법한 프로그램들은 이미 다 나와 있기 때문에, 전혀 나왔던 적 없는 새로운 아이디어나 알고리즘을 짜는 데 획기적인 방법을 떠올리는 창조성이 필요해요.

향후 전공을 택할 친구들이 미리 준비했으면 좋겠다는 게 있나요?

간혹 중학교, 심지어 초등학교에 입학하기 전부터 공부를 해온 '컴퓨터 덕후' 친구들이 있어요. 이미 수업 내용을 어느 정도 알고 있고, 우수한 성적으로 이어지는 경우도 많죠. 물론 그런 친구들과는 출발선이 다른 느낌이 들기도 하여 부럽기도 하지만, 교수님들은 '모든 학생들이 처음 배운다'고 가정하고 학생들을 가르치니까 열심히 하면 충분히 소화해낼 수 있을 거예요. 그래도 입학 전 프로그래밍 언어 하나 정도 공부하고 온다면 확실히 도움이 돼요. 저는 C언어를 배우고 오는 걸 가장 추천해요. 다른 프로그래밍 언어들도 수월하게 배울 수 있으니까요. 아까 말했던 물리 공부도 잊지 마시고요.

대학 입시 준비는 어떻게 했는지 궁금해요.

고등학교 내신이 좋은 편은 아니었어요. 교육열이 높은 지역이어서 그런지 친구들이 한 과목도 놓치지 않고 열심히 했거든요. 외부 대회에서 수상 경험이 있거나 학생부에 쓸 만한 활동을 한 편도 아니어서 고1 때부터 정시 위주로 공부했고, 따로 논술학원도 다니지 않았어요. 그래도 고3이 되니 수시를 안 쓸 수는 없어서, 그나마 학생부 영향이 가장 적은 논술전형으로 6개를 지원했고, 운 좋게도 논술전형에서 좋은 성적으로 합격하게 됐습니다. 물론 논술학원을 다니지 않았다고 해서 논술준비를 아예 안했던 건 아니에요. 수학, 과학 심화학습이 바로 수리논술에 연결됐거든요. 수리논술은 학원을 통해 문제에 적응하는 것도 좋지만, 평소 수학, 과학 공부를 게을리 하지 않고 점점 더 심화된 공부를 스스로 하는 것이 중요하다 생각해요.

컴퓨터공학은 진로가 정말 다양한 것 같아요.

동기들과 선배님들을 보면, 대학원 진학이 목표인 사람들도 많고, 기업 취직을 목표로 하는 사람들도 있어요. 컴퓨터공학은 정보보안, 네트워크, 인공지능, 가상현실 등 다양한 분야로 나아갈 수 있어 선택의 폭이 정말 넓어요.

수험생일 때는 대학 자체가 전부고 목적이니, 대학에만 입학하면 뭐든 잘 될 것이라는 막연한 기대에 사로잡힐 수도 있어요. 하지만 꿈을 위해 정말 필요한 걸 스스로 고민하고 찾아내는 것이 대학생활에서 공부만큼 중요하다고 생각해요.

이 학과에 지원할 후배들에게 한마디 해주세요.

컴퓨터공학은 상상 이상으로 방대합니다! 방대하다는 게 학과의 규모 혹은 학문의 깊이가 될 수도 있지만, 결국 모두 뼈와 살이 되니 어느 하나 놓칠 게 없다고 생각해요. 진심으로 컴퓨터공학에 관심이 있으시다면 열심히 공부해서 올 가치가 충분한 곳입니다. 모두 파이팅!

전국 4년제 대학의 컴퓨터공학

컴퓨터공학은 거의 모든 대학에 개설되어 있습니다. 각 대학의 특징을 꼼꼼히 들여다봅시다.

서울
컴퓨터공학부 건국대, 국민대, 서울대, 중앙대, 한양대
컴퓨터공학과 광운대, 덕성여대, 동국대, 동덕여대, 명지대, 서강대, 서경대, 서울과학기술대, 서울여대, 세종대, 이화여대, 한성대

경기·인천
컴퓨터공학부 가톨릭대, 인천대, 성결대, 수원대(컴퓨터미디어학부), 한국산업기술대, 한신대
컴퓨터공학과 가천대, 강남대(컴퓨터미디어정보공학부), 경희대, 대진대, 성균관대, 아주대(소프트웨어학과), 안양대, 인하대, 청운대, 평택대, 한경대(컴퓨터웹정보공학과), 한국외대, 한양대, 협성대

강원

컴퓨터공학부 상지대, 연세대

컴퓨터공학과 강릉원주대, 강원대(컴퓨터과학 전공), 관동대, 한라대, 한림대

대전 · 세종 · 충청

컴퓨터공학부 건양대(융합IT학부), 공주대, 한국과학기술원, 한국기술교육대

컴퓨터공학과 극동대(유비쿼터스IT학과), 남서울대, 대전대, 배재대, 상명대, 서원대, 선문대, 순천향대(컴퓨터공학과/컴퓨터소프트웨어공학과), 유원대(자동차소프트웨어학과/임베디드소프트웨어학과/스마트IT학과), 중부대(컴퓨터게임학과), 중원대(컴퓨터시스템공학과), 청주대, 충남대, 충북대, 한국교통대(컴퓨터공학과/소프트웨어학과/정보통신학과), 한남대, 한밭대, 한서대, 호서대, 홍익대(컴퓨터정보통신학과)

광주 · 전라

컴퓨터공학부 전북대, 조선대

컴퓨터공학과 광주대, 군산대, 동신대, 목포대, 목포해양대(해양컴퓨터공학과), 순천대, 원광대, 전북대, 전주대, 호남대

대구 · 부산 · 경상

컴퓨터공학부 경북대, 경성대, 계명대, 대구대(컴퓨터 · IT공학부), 동서대, 동의대, 부산대, 인제대

컴퓨터공학과 경남과기대, 경남대, 경성대, 경운대, 경일대, 금오공대, 대구가톨릭대, 동명대, 부경대, 부산가톨릭대, 부산외대, 신라대, 안동대, 영남대, 영남대, 영산대, 포항공대, 한국해양대

제주

컴퓨터공학과 제주국제대, 제주대

23

일신우일신(日新又日新)
한의학과

우리 생활 속에서 자주 접하는데도
왠지 먼 옛날의 것처럼 느껴지는 게 한의학입니다.
어쩐지 쓰디쓴 한약부터 생각나는데요.
입에 쓴 약은 몸에 좋다고도 하죠.
저도 양의학 못지않게 한의학의 도움을
많이 받았던 기억이 나네요.
한의학은 오랜 시간에 걸친 논리 체계로
현대의 새로운 병들에 대한 해결책을
찾고 있는 의학입니다.

사람

마다 혈액형은 물론, 맛을 느끼는 정도도 다르다고 합니다. 같은 음식이라도 어떤 사람에겐 약이 되기도 하고 독이 되기도 합니다. 기호나 알레르기도 유전자에 따라 결정된다는 연구 결과가 최근 연달아 나오고 있습니다. 그런데 100여년 전, 한의사 이제마는 이를 조금 다르게 '체질 차이'라고 표현했습니다. 사람의 기운은 제각각이라 약이 되는 음식, 독이 되는 음식도 서로 다르며, 건강관리 방법도 달라져야 한다고요.

19세기 이후 서양의학이 들어오기 전까지, 우리 땅에서 나는 약재로 병을 치료해 온 전통 의학을 한의학이라 부릅니다. 두 의학은 많은 차이가 있지만, 결정적 차이는 바로 치료 방법입니다. 서양의학이 약물 투입이나 수술 등으로 병마를 제거한다면, 한의학은 우리 몸 본연의 치유능력을 강화해 병에 대한 저항력을 강화하는 쪽으로 치료합니다.

한의학은 서양과학이 아닌, 음양오행설 등 전통 동양철학에 근거하고 있습니다. 이 때문에 '오해'를 많이 산 학문이기도 합니다. 의학적으로 정확하지 않다는 비판이나 치료방법이 한정적이라는 등의 비난입니다. 하지만 과학과 철학 모두 한 쪽만 완벽하게 옳거나 그른 학문은 아닙니다. 같은 뿌리에서 나온 만큼 오히려 상호보완적인 관계죠. 마찬가지로 한의학과 서양의학도 병을 바라보고 치료하는 관점이 다를 뿐, 한 쪽만 완전하지는 않으며, 오히려 상호 보완적으로 병을 고칠 수 있습니다. 서양의학 및 과학은 한의학 이론의 오류를 밝히는 것만이 아닌, '맞다'라는 증거도 될 수 있겠죠? 그래서 한의학과에서는 서양의학, 과학과의 접목을 시도하려는 노력이 계속되고 있습니다.

학부 단계에서부터 한의학은 물론 서양의학의 개념들을 병행해서 배우는 건 물론,

MRI 등 서양 의료기구의 사용법을 익힙니다. 인문계에서 진학하는 경우가 많지만, 서양 의학 과목도 병행해서 배우는 만큼 화학, 생물 기초가 필수입니다. 학부 과정은 다른 의대와 똑같이 예과 2년, 본과 4년으로 이루어져 있으며, 많은 공부량은 물론 각종 의료기구를 다룰 섬세한 손재주 또한 요구됩니다.

《동의보감》을 쓴 한의학의 아버지 허준, 사람의 체질을 분류한 이제마. 분명 그들은 우리 의학사에 빛나는 업적을 남겼습니다. 하지만 한의학은 그들의 시대에만 머물러 있지 않습니다. 아직도 남은 과제는 물론 서양의학과의 충돌지점도 많지만, 시대의 요구에 부응하려는 노력이 계속 이루어지고 있습니다. 새로운 질병은 물론 예전에 사라졌다고 생각했던 질병까지도 심심치 않게 재등장하고 있는 요즘, 한의학은 또 다른 답이 될 수 있습니다.

한양방 융합으로 발전한 의학

경희대학교 한의학과 47대 학생회 청춘어람
13학번 **이원준, 김재현, 김창민**, 14학번 **윤지혜**, 15학번 **방상훈**

전공 선택 계기가 있나요?

김창민 형이 아토피로 고생을 많이 했어요. 밤에도 가려워서 잠도 못 자고 스트레스도 많이 받고요. 처음에는 양방 병원에서 치료받았는데, 스테로이드, 항히스타민 계열의 약을 주로 쓰다 보니 몸이 많이 허약해졌어요. 그러다 한의원을 소개받고 방문할 때마다 몸 상태와 병의 진행에 따라 서로 다른 약을 처방해줬어요. 선생님께서 따뜻한 말과 위로를 해주시기도 했고요. 형은 한방치료를 시작한 지 반년 만에 아토피에서 벗어났어요. 저도 그 일로 한의학에 관심이 생겨 여기까지 오게 되었고요.

제 동생도 아토피로 고생하다 한방 치료로 나아서 그런지 남 일 같지 않네요. 한의학과는 어떤 걸 배우는 곳인지 쉽게 설명해준다면?

김창민 한의학은 인간의 생명을 대상으로 하고, 인체의 생명 현상을 탐구하는 학문이에요. 한의학은 동양철학에 뿌리를 두고 있는데, 의료 기술은 물론 의료인으로서의 인성과 자질까지도 가르치고 있어요. 우리 조상으로부터 내려왔지만, 현대에 들어오면서 현대화, 과학화 등의 노력을 거쳐 더욱 다양한 질병을 치료할 수 있게 발전한 학문이기도 합니다. 미생물학, 해부학, 약리학, 생화학 등 기초 서양의학을 배우는 것도, 생명 현상에 대한 현대의 과학적 견해를 한의학과 접목하기 위한 노력 중 하나예요.

경희대 한의학과만의 자랑은?

김창민 해외 유수의 대학과 공동연구는 물론, 학술 정보를 서로 주고받아요. 정기적으로 교수와 학생들을 보내 국제학술심포지엄을 열기도 하고요. 경희대학교 한방병원 등 부속 병원에서 교수님들과 레지던트 선배들이 지도하는 임상臨床, 환자를 직접 마주해 질병을 치료, 예방하는 모든 행위. 대학에서는 환자 치료 실습 외에 이론 수업 및 학술연구도 이루어지기 때문에 이들 행위와 분리해서 씀 수업뿐 아니라, 현직 의사인 동문 중심으로 진행되는 '교외 임상실습' 등 각종 위탁교육 프로그램을 통해 풍부한 치료경험을 쌓을 수 있어요.

어떤 적성의 친구들이 이 학과에 오면 좋을까요?

김재현 고등학교에서는 한의학과 직접 관련된 과목이 없어 공부로는 한의학이 자신의 적성을 맞는지를 알기에는 어려울 것 같아요. 하지만 한의학은 사람을 치료하는 학문이기 때문에 사람에 대한 연민이 있고, 아픈 것을 공감하고 의술에 뜻이 있다면 충분히 잘 해내지 않을까요?

입학하기 전에 생각했던 것과 다른 점이 있다면?

김창민 입학 전에는 한의학이 인문학적 요소가 많아서 이과 지식의 비중이 낮을 거라고 생각했지만, 실제로 공부해보니 생물, 화학의 기초 지식이 필요했어요. 그래서 대학 수업을 듣는 중에도 생물과 화학 관련 책도 찾아 읽었고, 주말에는 EBS 고등학교 생물, 화학 인강도 들었어요.

가장 재미있었던 과목은 무엇인가요?

김창민 각가학설各家學說이라는 과목이요. 각가학설은 송, 명, 청 혹은 그 이전 시대에 어떤 학파들이 있었고, 각 학파의 의학관이 시대에 따라 어떻게 변화하는지 배워요. 각 학파의 주장이 대립되면서도, 때로는 서로 합쳐지는 과정이 생동감 넘쳐요. 또 각가학설의 큰 흐름을 이해하고 나서 현대 한의학의 기틀과 한의학적 개념들을 숙지할 수 있어 흥미로웠어요.

그럼 가장 어려웠던 과목은?

김창민 본과 2학년 과목인 경혈학이요. 경혈학은 경락과 경혈, 그러니까 침을 놓는 혈자리를 배우는데요. 해부학적 위치를 바탕으로 혈 자리를 찾아야 하고, 그다음 익숙하지 않은 '촌寸' 단위로 간격을 계산하거든요.

예를 들어 심혈관, 신경계, 소화계통 질환에서 많이 등장하는 혈 자리인 '내관內關'을 찾으려면, '아래팔 앞쪽 면, 긴손바닥근힘줄palmaris longus tendon과 노쪽손목굽힘근힘줄flexor carpi radialis tendon의 사이, 손바닥 쪽 손목주름palmar wrist crease에서 위로 2촌寸'을 알고 있어야 해요. 해부학 복습은 물론 직접 침을 놓는 연습도 정말 많이 필요해요.

요즘에는 한의학과에서도 서양의학을 같이 배운다는데.

이원준 한의대라고 한의학만 배우는 것이 아니라, 서양의학에서 가르치는 기초적인 의학 지식은 모두 습득할 수 있도록 많은 서양의학 과목이 교과과정에 있어요. 한의학과 서양의학을 함께 공부하면 하나의 질병을 다양한 관점에서 접근할 수 있고, 기존의 치료방법에서 벗어나 한양방의

융합 치료를 통해 새로운 치료방법을 고안할 수도 있겠죠. 한의학·양의학 공동 연구는 물론, 한의학의 여러 이론을 과학적으로 증명하려는 많은 연구가 진행되고 있어요.

학과 입학 준비를 어떻게 하셨나요?

윤지혜 인문계 정시 전형으로 들어왔어요. 국어는 주어진 글을 얼마나 깊이 읽는지가 중요하기 때문에 문제풀이에만 치중하지 않고, 지문을 최대한 파악하려고 했어요. 또 공부하기 전 매일 30분~1시간씩 독서를 했는데, 마음을 가다듬고 집중력을 최대한으로 높이는 데 좋더라고요. 수학은 고난도 문제에 집착하기보다는 기출문제를 여러 번 반복해서 풀어보고, 자주 틀리는 유형은 오답노트에 따로 정리해 다시 반복해 풀었어요. 영어는 독해를 수월하게 하려고 단어 공부를 가장 열심히 했고, 사회 과목은 따로 공부시간을 갖지 않고 틈나는 시간을 최대한 활용했어요.

공부량이나 방법보다 제가 강조하고 싶은 건, 바로 공부할 때 '매 순간을 놓치면 다시 돌아오지 않는다'고 생각하고 최대한의 집중력을 발휘하는 거예요. 성적에 일희일비하지 마시고 꾸준히 공부하길 바라고요. 꼭 합격할 수 있다는 자신감을 느끼고 주변 환경에 휘둘리지 않고 자신만의 스타일대로 준비하시면 좋은 결과 있을 거예요!

한의학과에 들어오기 전 공부해두면 좋을 과목이 있나요?

김재현 한문을 공부해두면 좋을 것 같아요. 한의학 교재가 모두 한자로 되어 있고 시험도 한자로 답안을 쓰는 경우가 많거든요. 한자가 익숙하지 않거나 아예 모르면 강의 진도를 따라갈 수 없는 건 물론, 한의학을 이해하고 받아들이는 것도 어려워질 거예요. 물론 한자를 완벽하게 숙지해

야 하는 것까진 아니고, 한문을 벽으로 느끼지 않을 정도로만 공부해 와
도 많이 도움될 거예요.

**의대생에게 듣는 건강관리 및 스트레스 해소법이 궁금합니다. 슬럼프 탈출
법도요.**

방상훈 규칙적인 생활이 건강관리의 핵심이라 생각해요. 잠을 자는 시
간이 불규칙하면 수업 듣는데 지장이 생기고, 어마어마한 공부량 때문에
매일 공부해 놓지 않으면 시험기간에 몸을 혹사하게 되니까요. 스트레스
를 받을 때는 그 원인을 찾아서 해결하려고 하지만, 제가 어떻게 할 수 없
는 문제는 잠을 푹 자고 쉬면서 잊어버리기 위해 노력해요. 고민거리로
머릿속이 가득 차 있을 때는 아무것도 할 수 없으니까 그때마다 해소하
는 것이 좋다고 생각해요.

또 진로 문제로 슬럼프를 겪을 때가 있었는데, 그때마다 잠시 공부를
멈추고 저 자신에게 질문을 던져 봤어요. '내가 가고 있는 길이 맞는지?'
라고. 바르다고 생각하면 다시 공부에 전념했고, 아니라면 그것을 기회
로 고민하는 시간을 가졌어요. 슬럼프를 부정적으로만 생각하지 말고, 내
선택을 돌아보는 기회라고 생각한다면 탈출도 어렵지만은 않을 거예요.

한의학과 양의학의 가장 큰 차이는 뭐라고 생각하나요?

이원준 치료에 대한 접근법이요. 서양의학에서는 직접 병부를 도려내
는 시술을 하거나, 백신을 주사해 체내에서 외부 병원균에 대한 면역 체
계를 만들 수 있도록 하는 등, 몸이 외부 병원균에 반응하는 메커니즘을
막아 병이 일어나지 않게 하거든요. 반면 한의학은 외부의 병원균보다 몸
자체가 가진 힘을 중요하게 여겨, 치료 방법도 외부 병원균을 제거하거나

공격하는 게 아니라 몸이 가진 본연의 치료 기능을 향상해 병에서 벗어나도록 돕는 거예요. 이런 방법으로 침, 약, 뜸을 주로 사용하고요. 한의학은 병이 침입하거나 생기는 메커니즘을 밝히기보다는, 몸이 병을 스스로 이겨내고 치료하는 방법론에 더 많이 집중해서 발전했어요.

이 학과에 올 후배들에게 해줄 말은?

김창민 한의학뿐 아니라 서양의학 공부도 병행해야 하므로 전공 공부량이 많고 어려워요. 오후 8시까지 전공 수업이 이어지기도 하고, 학년이 올라갈수록 전공과목과 시험범위가 많아져 체력적으로도 힘들고요. 하지만 지식이 쌓일수록 의료인이 되어 간다는 자부심과 책임감도 커지고, 서양의학으로 치료되지 않는 난치병을 한의학으로 치료하고 싶다는 도전 의식도 생겨요. 의료봉사에서 병으로 고생하시는 어르신들을 치료해 드릴 때마다 뿌듯하고요. 꼭 한의대에 합격하셔서 환자를 치료하고 환자의 마음마저 헤아리는 멋진 한의사가 되길 응원하겠습니다. 파이팅!

 전국 4년제 대학의 한의학과

한의학과는 제주도를 제외한 각 도별로 한두 대학에 개설돼 있습니다.

서울 경희대
경기 · 인천 가천대
강원 상지대
대구 · 부산 · 경상 대구한의대, 동국대, 동의대
대전 · 충청 · 세종 대전대, 세명대
광주 · 전라 동신대, 우석대, 원광대

24

깨끗한 환경을 만드는 기술
환경공학과

환경 문제는 전 세계적인 이슈입니다.
미세먼지처럼 드러난 문제도 있지만,
물 부족 같은 문제는 피부에 잘 와닿지 않지요.
'이렇게 물이 충분한데 왜 부족하다고 하는 걸까?'
사실 우리가 마시는 물은 자연에서 바로 나온 게 아니라,
물을 깨끗하게 만드는 기술로 얻은 것이죠.
이렇듯 우리가 편리하게 쾌적한 환경을 누릴 수 있는 건
환경공학 기술 덕분입니다.

불과 2세기 전만 해도, 유럽인들은 위생시설 미비로 종종 전염병에 노출되곤 했습니다. 많은 공학자의 연구 결과, 전염병의 발생 원인이 수질 오염인 것으로 밝혀졌죠. 주민들이 각종 오물과 생활 폐수를 처리할 곳이 없어 도시 곳곳이나 하천에 버렸고, 더러워진 물을 마셨으니 병이 생길 수밖에요. 공학자들은 이에 대한 대책으로 생활 폐수를 따로 버릴 하수도를 마련했고, 이 폐수를 정화하는 하수처리장을 만들었습니다.

환경공학은 우리가 사는 곳을 깨끗하게 만드는 기술입니다. 사람이 많은 곳일수록 자동차와 공장도 많으니, 오염물질도 넘쳐나겠죠? 이따금 자연의 자정 능력을 넘어서기도 할 거고요. 도시 환경을 정화하기 위해, 여러 분야의 공학 지식이 모여 '환경공학'이 생겨났습니다. 때문에 환경공학은 도시 발달과 밀접한 관련이 있고, 환경공학과가 개설된 시기는 도시화 · 산업화 시기와 맞물립니다.

환경을 깨끗하게 하려면 어떻게 해야 할까요? 우선 오염물질 발생 원인을 과학적으로 분석해야 합니다. 단순히 환경을 청결히 하는 것에 그치지 않고, 폐기물로 재생용품이나 에너지 등 '새로운' 생산품을 만들어내는 방법, 환경오염을 예방하는 방법, 자연환경을 복원하는 방법을 찾아내는 게 환경공학의 과제랍니다. 그러다 보니 환경공학은 물리, 화학, 생물 등 다양한 과학 영역은 물론 기계, 토목 등의 여러 공학도 포괄한답니다.

국가 차원에서 해결해야 할 환경 문제가 많습니다. 정부 공공기관에서는 환경 사업을 추진하기 위해 환경공학과 출신 인재를 많이 찾습니다. 환경 문제에 관한 기업의 책임을 묻는 목소리도 커지는 추세라, 민간기업에서도 환경공학도를 뽑고 있지요. 환경공학도가 맡을 역할은 앞으로 더 많아질 것 같습니다. 아직 밝혀지지 않은 환경 문제도 있고, 한 나라의 환경문제가 다른 나라에 영향을 미치기도 하거든요. 당장 우리 삶에 영향을 주는 환경문제도 많습니다. 비닐봉지처럼 '편리하지만 환경보호를 위해 줄여야 하는' 것들 말이지요. 환경공학자들은 지금도 친환경성과 편리함이라는 두 마리 토끼를 한꺼번에 잡기 위해 고민하고 있습니다.

화학을 기초로 한 환경문제 해결

충남대학교 환경공학과 14학번 **이현수** · 16학번 **박혜정**

만나서 반가워요. 학교생활은 어때요?

이현수 행복한 학교생활을 하고 있어요. 봄에는 캠퍼스에 벚꽃이 가득하고, 겨울에 눈이 쌓이면 너무나 아름다워 풍경만 봐도 이 학교에 오길 잘했단 생각이 들거든요. 또, 매년 3,4회 정도 취업한 학과 선배들을 불러 취업설명회를 하는 것도 좋아요. 졸업한 선배들과도 친해질 수 있는데다 유익한 정보를 얻을 수 있어서 뜻깊은 시간이에요. 이밖에도 학과학생회, 공과대학 학생회 활동을 하면서 학교행사나 축제를 직접 기획하고 진행하는 등 여러 가지 의미 있는 활동을 했어요.

박혜정 과 인원이 40명 쯤이라 서로 친하고 얼굴도 금세 다 익혔어요. 공대지만 학과 남녀 비율이 1대1 정도라 여학생도 많은 편이에요. 4학년이 되니까 동아리 활동이나 학교 캠프에도 참가하면서 사람들을 더 많이 만나볼 걸 그랬나 하는 아쉬움도 조금 남아요.

어떻게 환경공학과에 진학하게 됐나요?

　이현수 고3 때 진로 고민을 정말 많이 했어요. 주변에선 항상 공부만 하라고 그러니 어떤 직업이 있는지, 내가 무슨 일을 하고 싶은지 몰라 회의에 빠졌죠. 그러다 진로탐색 선생님이 '워크넷'을 알려주었어요. 직업·진로·진학 탐색사이트라 어떤 직업이 있는지, 무슨 일을 하는지 소개해주고, 필요한 적성과 역량도 제시해줘요. 정보도 얻고 이런저런 진로를 고민하던 중 환경공학이란 키워드가 눈에 들어왔어요. 그 뒤 이 분야로 진학하게 됐네요.

　박혜정 원래 화학공학을 공부하고 싶었어요. 우연히 환경공학을 알게 되었는데, 화학공학이랑 비슷한 부분이 많다고 느꼈어요. 몇 년 전부터 중국에서 불어오는 황사나 미세먼지 등 대기오염의 심각성을 깨달은 뒤에 환경공학과에 가서 대기와 관련된 일을 해야겠다고 생각했어요.

환경공학과에서는 무엇을 공부하는지 궁금해요.

　박혜정 환경공학과는 크게 수질, 대기, 폐기물 분야로 나뉘어요. 수질 쪽에서는 수질분석, 수질화학, 수질오염분석실험, 수자원 및 수질관리 등을 공부하고 대기 쪽에서는 대기오염개론, 대기오염 기상 및 모델, 대기오염분석 및 실험을 해요. 폐기물 분야에선 토질화학 및 실험, 폐기물 처리 공학, 지하수 오염제어 등을 배우고요.

　배우는 내용은 화학을 기반으로 해요. 환경공학과에서 하는 실험들은 기계를 만진다거나 시약을 제조하는 등 위험할 수 있어서 세심하게 진행해야 하죠. 요즘은 미세먼지 등 대기오염이 사회문제가 되고 있어, 수업이나 실습 시간에 먼지나 부유물질을 제거하는 방법을 주로 배워요.

실험 얘기가 나와서 말인데, 실험이나 과제가 많나요?

이현수 실험 과목에는 수질오염분석실험, 대기오염분석실험, 상수도공학·토질화학 실험이 있어요. 실험을 할 때마다 예비보고서와 결과보고서를 작성해야 해서 매주 두 개씩 작성해요. 과제가 많아 보일 수 있지만 실험수업이 재밌어서 할만 해요.

이론 수업에서는 학기당 보통 세 개 정도의 과제가 나와요. 과목마다 다르지만 대체로 연습문제 풀이나 발표 등, 그리 어렵지 않게 할 수 있는 과제예요.

농업생명과학대학에도 '환경소재공학과'가 있는데, 어떻게 다른가요?

박혜정 환경소재공학과는 *셀룰로오스를 기반으로 하는 목재자원을 보다 효율적으로 이용하는 방법을 연구해요. 크게 환경재료공학과 제지공학 두 분야로 나뉘고요. 재생 가능한 친환경 자원인 환경소재를 배우고, 관련 산업분야를 연구하죠.

환경공학과에서 다루는 영역은 친환경자원, 지구온난화, 국가적·지역적 환경문제에 이르기까지 보다 광범위해요. 폐수처리공정, 수자원관리 및 수질모델링, 폐기물 자원화 기술, 대기오염모델링 등 환경문제를 전반적으로 공부한답니다.

셀룰로오스 식물 세포벽의 기본구조 성분으로 섬유소라고도 한다. 천연 유기화합물 중 가장 흔하게 접할 수 있는 성분으로, 종이, 섬유 생산에 사용되며 플라스틱, 레이온 등을 만드는 물질로도 변형될 수 있어 경제적 중요도가 높다.

학번마다 졸업요건이 조금씩 다르다고 들었어요.

이현수 수업이 교양, 전공기초, 전공심화 등으로 나뉘는데, 각 분야의 수업을 수강해서 학점을 채워나간다고 생각하면 돼요. 4년 동안 130학점을 채워야 하는데, 매년 들어야 할 수업 비중이 조금씩 달라져요. 조교 선생님들이 졸업 요건을 친절히 설명해주니 걱정하지 않아도 돼요.

환경공학과의 '공학인증제'를 간단히 설명해주세요.

박혜정 국가가 대학에서 공학 교육을 할 때 필요한 교육프로그램의 기준과 지침을 제시하는데, 그 기준에 맞춰 공부하면 공학인증을 받을 수 있어요. 국가는 공학교육의 발전을 촉진하고 실력을 갖춘 공학기술 인력을 양성할 수 있고, 학생들은 체계적인 공부가 가능하고 취업에도 유리하죠. 필수인 학교ㆍ학과도 있고 필수가 아닌 곳도 있어요.

이외에도 공학교육과정 학생들에게 필수인 이수요건은 크게 두 가지예요. 첫 번째는 '미래설계상담'이에요. 지도교수님과 매 학기 두 차례 상담을 나누는 것으로, 졸업 때까지 총 다섯 번의 미래설계상담을 해야 해요. 두 번째로는 지정된 수업을 분야별로 정해진 학점만큼 들어야 해요. 16학번의 경우 전문교양 8학점, MSC수학ㆍ기초과학ㆍ컴퓨터 관련 과목 30학점, 공학주제 전공 52학점, 공학설계 12학점으로 총 130학점을 채워야 해요.

입시 질문으로 넘어갈게요. 두 학생 모두 학생부교과 일반전형으로 입학했어요. 내신 비중이 높은데, 평소 어떻게 내신 성적을 관리했나요?

박혜정 2016년도 수시 학생부 교과전형 중 일반전형으로 입학했어요. 내신 점수는 대학 산출 기준으로 약 3.4였고요. 주요과목 이외 과목들도 내신에 포함되니 두루 공부했지만, 그래도 국어, 영어, 수학, 과학을 집중적으로 공부했어요. 수업시간에 들은 내용은 야자 시간에 복습했죠. 수학은 내신 시험이 수능 유형과 비슷하게 출제돼 내신과 수능을 병행할 수 있었고요.

이현수 내신은 3.0~3.1 정도였어요. 수업시간에 선생님 말씀에 집중했어요. 물론 수업시간에 열중하는 게 마음처럼 쉽지는 않지만, 선생님을 좋아한다면 수업도 더 재밌어지고 집중도 잘 되는 것 같아요. 내신을 잘 관리해 놓으면 입시도 한결 편해질 테니, 수업 시간에 집중하는 습관을 길러 보세요!

수능준비는 어떻게 했는지 궁금해요.

박혜정 제가 입학할 때 16년도 학생부교과 일반전형은 수능 최저기준이 수학, 영어 등급 합이 8등급 이내였고, 지금처럼 한국사가 필수가 아니었어요. '수능 최저기준만 맞추자'는 생각으로 공부했어요. 최저기준을 맞추기 위해서 수학, 영어를 집중적으로 공부했고 국어, 탐구는 내신과 함께 준비했죠.

이현수 고3 때 다니던 학원을 모두 그만두고 혼자서 공부했어요. 영어는 EBS교재 지문을 독해한 뒤 모르는 단어를 암기했고, 탐구는 수업시간에 배운 내용만 복습했어요. 좋아하는 과목이었던 과학은 수업시간에 배운 개념 정리와 모의고사 오답노트 정리로 충분했어요.

사실 전 수학을 잘 못했어요. 워낙 양도 방대하고 어려워 제 발목을 잡는 과목이었죠. 선생님들은 문제를 풀 때까지 답지를 보면 안 된다고 하셨지만, 저는 반대로 풀이과정을 외웠어요. 제 경우 수능까지 얼마 남지 않았기에 그랬지만, 시간 여유가 있다면 개념부터 차근차근 공부하는 게 맞겠죠. 각자의 상황에 맞는 공부법을 찾는 게 중요하다고 생각해요.

현재 일반전형에선 사범대학 지원자만 면접을 실시하지만, 현수 학생이 입학할 땐 모든 학생이 면접을 봤어요. 어떻게 준비했나요?

이현수 면접 준비에 앞서 '면접관이라면 수험생을 어떤 기준으로 평가할까?'란 생각을 해봤어요. 수험생들한테 수준 높은 전공지식을 바라진 않으리라 생각했죠. 전공 지식은 해당 분야에 관심이 있다는 걸 보여줄 수 있을 정도로만 준비했고, 지원동기를 중심으로 준비했어요. 면접 당일엔 말을 생기 있고 재밌게 하려 했고요. 나중에 선배들에게 제 면접 점수가 아주 좋았다고 들었어요.

제 경험일 뿐 정답은 아니지만, 자신감 있는 모습을 보여주면 좋을 거예요. 면접 순간만큼은 '내가 주인공'이란 생각으로 면접에 임했으면 좋겠어요.

이번에는 혜정 학생에게. 학생부교과전형은 2018년도까지 비교과 영역에 출결과 봉사를 각각 5%씩 반영했어요. 어떤 봉사활동을 했나요?

박혜정 저는 매주 토요일마다 대전역 동광장에서 무료급식 봉사활동을 했어요. 끼니를 챙기기 어려운 분들께 식사를 제공하면서 비교적 나은 환경에 만족하지 말고 저보다 더 어려운 사람들을 도와야겠다고 다짐했어요. 지금도 매달 초록우산 어린이재단에 후원하고 있답니다.

미래 후배들에게 한마디 부탁해요!

박혜정 저는 주변에서 대학교 1학년 땐 놀아도 된다는 말을 많이 들었는데, 돌아보니 1학년 성적이 제일 낮네요. 4학년인 지금 와서 생각해보니 1학년 때도 '할 건 하고 놀 걸' 싶어 후회도 돼요. 신입생 때에도 학점 관리는 꼭 하세요!

이현수 학창시절의 가장 큰 결실은 하고 싶은 걸 찾는 거예요. 점수에 맞춰서 대학에 가면 당장은 편할지 몰라도 나중엔 더 힘들 거라고 생각해요. 꼭 공부하고 싶은 전공 분야를 찾아 만족스러운 대학생활을 하면 좋겠어요. 입시가 끝나도 즐거운 세상이 여러분을 기다리는 건 아니니, 정시도 바라보며 묵묵히 공부한다면 목표를 이룰 수 있을 거예요.

 ## 전국 4년제 대학의 환경공학과

환경공학은 주로 공대에 개설되며, 관련분야와 연계된 곳도 많습니다.

환경공학부
건국대(사회환경공학부), 서울시립대, 연세대, 포항공대

환경공학과
가톨릭대, 강원대, 건국대, 경남과학기술대, 경북대, 경희대(환경학 및 환경공학과), 공주대, 광운대, 금오공대, 대구대, 대전대, 대진대, 동아대, 동의대, 목포대, 부경대, 부산대, 상명대, 상지대, 서울과학기술대, 서원대, 안동대, 영남대, 이화여대, 인하대, 조선대, 제주대, 창원대, 충남대, 충북대, 한경대, 한국해양대, 호서대

환경공학+에너지공학
경기대(환경에너지공학과), 명지대(환경에너지공학과), 수원대(환경에너지공학과), 순천향대(에너지환경공학과), 안양대(환경에너지공학과), 전남대(환경에너지공학과)

환경공학+안전공학
아주대(환경안전공학과), 을지대(보건환경안전학과)

25

Under The Sea
해양학과

푸른 별 지구의 71%를 차지하는 바다.
우리는 바다를 얼마나 알고 있나요?
오늘 소개할 학과는 바다의 신비를 밝히는 곳입니다.
바다와 우리 삶을 이어주기도 합니다.

세상에 꼭 필요한 사람을 두고 '소금' 같은 존재라고 합니다. 인류를 포함한 생명체는 소금 없이 살 수 없지요. 이 소금을 바로 바다에서 얻습니다. 물론 소금 말고도, 바다가 지구상의 생명체에 주는 선물은 무궁무진합니다.

바다는 모든 생명의 고향이라 해도 과언이 아니라고 합니다. 한때는 심해에 생명체가 살 수 없다고도 믿었던 적도 있었지요. 하지만 19세기 이후 인류가 해저에 내려갈 수 있게 되면서, 육상 생물보다 훨씬 다양한 생명체가 살고 있다는 게 밝혀졌습니다. 기온 차도 크고 환경 변화가 심한 육지보다 오히려 바닷속이 생존하기 수월하기 때문이죠.

바다는 뭍 위의 삶에도 많은 영향을 줍니다. 매년 지구를 도는 해류의 움직임은 육지의 기온과 날씨에 영향을 끼칩니다. 해류의 움직임을 따라 뱃길을 만들어 국가간 교류가 이뤄지기도 하고요. 다양한 의약 성분을 지닌 바다 속 생명체 뿐 아니라 화석 에너지는 미래 에너지원의 보고이기도 합니다. 심지어는 바닷물 자체도 에너지원이 될 수 있습니다.

여러 가지로 바다에는 인류의 미래가 달려 있기 때문에, 나라별로 해상 영토를 둘러싼 패권 경쟁이 치열했지요. '바다를 지배하는 자가 세계를 지배한다'는 말이 생길 만큼, 역사 속에서 강대국은 곧 해상 강국이었던 경우가 많았습니다. 지금도 나라마다 바다를 차지하기 위한 경쟁은 물론, 해양기술 연구와 산업도 활발하게 이루어지는 중입니다.

지구의 가장 중요한 부분을 차지하는 만큼, 해양학은 지질학, 대기과학 등과 함께 지구과학의 주요 축입니다. 바다로 인해 일어나는 모든 자연 현상이 해양학의 연구 대상이므로 물리, 화학, 생명과학, 지구과학 등 과학 전반 영역이 동원됩니다. 해류의 흐름,

바다와 기후, 바닷속 생명체의 화학물질, 환경 호르몬이나 중금속이 바다에 미치는 영향, 바다 속 생태계, 해저 지형과 지질, 자원 매장 가능성…. 심지어 바다가 지구뿐 아니라 화성 등 다른 행성에도 존재할 가능성도 고려해야 합니다.

우리나라에서도 해양 관련 연구나 기술개발이 활발하게 이루어지는 중입니다. 삼면의 우리 바다를 포함해 남극 세종과학기지, 북극 다산기지 등 전 세계 대양으로 연구 영역을 확장하고 있습니다. 물론 바다를 연구하기 시작한 건 꽤 최근의 일이므로 인류가 풀어야 할 바다의 수수께끼는 바닷속 세계만큼 깊고 넓습니다. 이미 가지고 있는 바다를 지키고 보존하는 일은 물론, 더 넓은 바다로 나가 우리의 미래를 찾아야 합니다.

바다 과학을 좋아하면 '꿀잼'이에요

인천대학교 해양학과 16학번 **김효련**

만나서 반가워요. 여러 활동에 참여하고 있던데 간단히 소개해줄 수 있나요?

1학년 때 과대표, 2학년 때는 학과 집행부 내 홍보부 일원으로 활동했어요. 학생회 활동에서 배우는 게 많다 보니, 늘 책임을 다하겠다는 마음으로 임하게 되네요.

교외에서도 국립해양생물자원관 제3기 기자단, 한국수자원관리공단 FIRA 2기, 대한민국 해양수산부 '해리포터' 기자단 6기로 활동하고 있어요. 기자가 꿈은 아니지만 바다가 좋고 계속 배우고 싶어 참여했어요.

많은 대외활동에서 한결같이 바다를 좋아하는 마음이 느껴지네요. 해양학은 지구과학의 주요 갈래인데, 지구과학도 좋아하나요?

네. 과학을 가장 좋아했죠. 고2 때 과학 과목별로 자연계 반을 나눌 땐 주저없이 지구과학반을 선택했어요. 지구과학반 인원이 적어 전교에서 단 한 명만 내신 1등급을 받을 수 있었기에, 선택 과목을 바꿀까 잠시 고민도 했어요. 하지만 제 선택을 믿고 공부해 1등급을 제가 차지할 수 있었죠. 지구과학 쪽 학과에 진학하고 싶다는 마음도 확실했어요. 지구과학교육과, 대기과학과, 해양학과 등 여러 전공에 지원했고 해양학과에 오게 됐죠.

대학에 와서 좋은 점은?

다른 학과에 비해 인원이 적어 동기들은 물론, 선배들과도 친해요. 교수님들도 학생들을 적극적으로 도와주세요. 수업시간 외에도 온, 오프라인을 가리지 않고 학생들과 많은 대화를 나누는 건 물론, 진로 고민이 있을 땐 조언도 해주고 같은 분야의 연구원 혹은 동료 교수를 초청해 학생들에게 좀 더 넓은 세계를 보여주시기도 해요. 늘 학생들을 아끼고 도와주시는 마음이 느껴져 감사해요. 분위기 좋은 학과에 진학해 공부할 수 있다는 게 좋아요.

교내외 행사에서 많은 사람들과 자유롭게 어울릴 수 있다는 점도 좋아요. 대학에 오고 나선 모든 걸 혼자 감당해야 하고, 생각할 것이 많아 힘들기도 했지만, 다양한 생각과 관점을 가진 친구들과 지내면서 시야가 넓어진 것 같아요.

어떤 수업을 듣나요?

1학년 땐 전공기초로 해양학개론과 함께 일반물리학, 일반화학, 일반생물학 등 과학 기초를 들어요. 각 과목마다 실험도 있고요. 바닷속 자연현상은 복합적 요인으로 일어나는 현상이라 과학 전 영역의 기초지식이 필요해요. 2학년부터는 해양학으로 들어가요. 1학년 과목의 응용 단계라 고등학교 과학의 큰 틀을 벗어나진 않지만 심화된 부분도 다뤄 조금 어렵게 느낄 수 있어요. 화학해양학 및 실험, 생물해양학 및 실험, 수환경보존학, 해양무척추생물학, 해양연구 및 실습 등을 배워요.

'해양연구 및 실습'을 들을 땐 실제로 해안가 지역을 방문하는데, 이 수업으로 변산에 2박 3일 간 머무르며 실험했어요. 이매패류, 새우, 망둑어, 해초를 채집해 작은 생태계eco system를 만들고, 시간 흐름에 따른 용존산소농도DO : disolved oxygen, 물에 용해된 산소의 양를 측정해보기도 하고, 일정면적의 갯벌 안에 얼마나 많은 생물이 있는지 기록했어요. 힘들지만 뜻깊은 시간이었죠.

3학년인 지금은 조류생리생태학 및 실험, 변화하는 해양환경, 첨단해양미생물학 등 심화전공을 배우고 있어요. 영어 수업이 많아지고 논문, 영어서적 등 텍스트 깊이도 달라지죠. 실험도 많아지고요. 이제야 본격적인 공부가 시작된다는 생각도 들어요.

'다이빙 사이언스'라는 수업도 눈에 띄는데, 어떤 과목인가요?

다이빙 강사를 초청해 스킨스쿠버 기초 교육을 받고, 학교 수영장에서 장비 착용 후 입수자세 실습을 진행해요. 실제 바다 속 해양생물들의 생태환경을 육안으로 볼 수 있어요. 사진이나 생물표본 속 멈춰 있는 장면과 달리, 살아 움직이는 해양 생태계를 직접 본 게 신기했던 기억이 나네요. 물속에서 성게를 해체해 물고기에게 주기도 하고 해삼이나 광어가 어떻게 헤엄치는지도 볼 수 있었어요. 과정을 모두 수료하면 씨마스CMAS, 사단법인 대한수중 · 핀수영협회에서 발행하는 오픈워터자격증도 주어져요. 연계되는 스킨스쿠버 자격증을 받아 잠수능력을 키우면 연구활동에도 적극 활용할 수 있어요.

아직 3학년인데 연구실 활동도 한다고 들었어요.

매년 학기 초 담당교수님과 상담 시간이 있어요. 해양 관련 일을 하고 싶다고 말씀드렸는데 교수님으로부터 전화가 왔어요. 실험실에서 한번 지내보는 게 어떻겠냐고 하셨죠. 꿈을 향해 나아가는 것 같아서 설레었어요. 2학년 2학기부터 약 5~6개월 간 실험실에서 지냈죠. 중요한 역할을 하진 않았지만 많은 것을 배웠어요. 윤형동물을 배양하고 투과현미경으로 관찰하기, 배양액 교체 및 먹이주기, 개체수 세기, 실험기구 다루는 법 등등. 학술 용어도 많이 배웠죠. 대학원 선배들이 어떤 연구를 얼마나 진행했는지 교수님에게 보고하고 조언을 구하는 과정도 지켜봤어요. 학부생 입장에서 좋은 자극을 많이 받았어요.

졸업논문을 쓰려면 연구실 활동을 해야 하기도 해요. 3학년 때까지 배우면서 관심을 가졌거나 더 배우고 싶은 분야를 선택해 해당 분야 교수님의 실험실에 들어가 실험을 진행하죠. 3학년 2학기에 주제를 선정하고 4학년 1년 간 실험을 설계, 진행한 뒤 결과를 발표해 일정 점수 이상을 획득해야 졸업할 수 있어요.

4학년 때 의무적으로 해야하는 '인턴십'은 무엇인가요?

관심 있는 분야의 기관에서 인턴으로 일하는 과정으로, 업무 진행방식, 실험 등을 직·간접적으로 경험할 수 있어요. 주로 학과와 자매결연한 기관에 많이 찾아가요. 많은 동기, 선배가 극지연구소, 해양과학기술원, 해양수산부 등 국가기관에 가는 걸 목표로 해요. 대학원에 진학하는 분도 많고요.

장차 어떤 연구를 하고 싶나요?

해양순환에 관심이 많아요. 다양한 변화요소에 따라 연쇄적으로 반응하는 해양현상을 배우고 이해할 때마다 정말 뿌듯하고요. 나중에 연구하고 싶은 건 지구온난화로 인해 발생하는 온실가스가 해양에 미치는 영향과 그 현상이에요. 연구실 안에서만 데이터를 수집하는 게 아니라 앞으로 지구온난화에 어떻게 각 국가가 대처해야 할지, 여러 나라 해양 전문가들과 소통하고 지식을 공유하고 싶어요. 그래서 지금은 전공 공부를 하면서 다양한 경험을 쌓아 시야를 넓히는 중이에요. 최대한 영어와 친해지려 노력하고 있고요.

그럼 이제 입시 질문을 할게요. 수시 학생부종합전형 중 자기추천전형으로 입학했는데, 처음부터 학생부 전형 입학을 목표로 했나요?

시험 한 번으로 끝내는 것보다는 꾸준히 노력해 얻은 성적으로 대학 가는 편이 유리하다고 생각했어요. 평소 모의고사보다 내신 성적이 더 좋기도 했고, 고등학교 3년 내내 지구과학 동아리 활동도 많이 했고요. 학생부종합전형이 지구과학 쪽에 꾸준히 관심을 갖고 활동했다는 걸 가장 잘 보여줄 수 있는 방법이었죠. 앞으로도 열심히 할 각오가 되어있단 걸 보여주고 싶었고요. 다른 학교도 학생부종합전형으로 지원했어요.

자기추천전형은 1단계에선 학생부와 자기소개서로 3배수를 뽑고, 2단계에서 학생부 60%, 면접 40%씩 평가해요. 참고로 인천대는 학생부교과전형, 학생부종합전형 중 자기추천전형 외에 다른 전형은 수능최저등급이 2개 영역 합이 5등급 이내에요. 면접을 아무리 잘 봐도 수능최저등급을 맞추지 못하면 입학할 수 없으니, 자신에게 맞는 전형을 잘 살펴보세요.

학생부 비중이 큰데 평소 성적 관리를 어떻게 했나요?

내신은 약 2.3~4 정도였어요. 고1 때부터 지금까지 꾸준히 스케줄러를 쓰며 과제일정을 관리하고 있어요. 지금은 하루라도 안 쓰면 오히려 어색할 정도예요. 수행평가, 과제 등 일정을 기록하고 들여다보면 마감일에 쫓기지 않아요. 일정관리의 가장 큰 장점은 과제 먼저 해결하고 남는 시간을 다른 공부나 휴식에 쓸 수 있는 건데, 대학생이 되고 나선 그 장점이 더욱 크게 다가와요. 대학에선 한 과목, 과제 하나에도 많은 시간이 필요하거든요. 과제별 조건, 마감기한을 정리할 때도 유용하죠. 스케줄러를 활용하라고 꼭 추천하고 싶어요. 작심삼일만 잘 넘긴다면 유익한 습관으로 굳을 거예요.

가끔 옛날 스케줄러를 들여다보곤 하는데, 그땐 어떻게 이런 계획을 세울 생각을 했는지, 또 이 과제를 어떻게 해냈는지 신기해요. 추억도 새록새록 떠오르고요.

자기소개서 작성에서 가장 중요하게 생각했던 부분은?

'어떻게 해서 성적을 올렸다, 이런 계기로 공부를 시작했다' 등의 표현은 단 한 문장도 쓰지 않았어요. 기억나는 건 학교생활규정을 완화하는 데 일조했다는 내용이에요. 학년회장을 했을 때 '하복 안에 흰 티셔츠만 입어야 한다'는 교칙에 불만을 가진 친구들이 많았어요. '흰 티를 구매하기 부담스럽다. 다른 색 티셔츠를 입는다고 성적이 떨어지는 건 아니다'라는 의견이 많았죠. 친구들의 불만사항이나 의견을 모아 선생님들에게 차분하게 전달하기 위해 많은 준비를 했고, 결국 규정완화를 이끌어냈어요. 친구들의 불만사항을 해소했다는 뿌듯함이 컸어요. 자신감도 생겼고요. 저의 경험과 그 과정에서 얻은 것들을 솔직하게 적었어요.

자소서에 싣고 싶은 내용이 많다면, 시선을 끄는 단어로 '미끼'를 던지며 글을 시작하는 것도 괜찮은 거 같아요. 전 '효엄마'란 별명이 있다는 말로 첫 문단을 시작하며 다른 내용도 풀어냈는데 면접에서도 별명의 계기에 대한 질문이 나왔죠. 여러 사건을 통해 제 다양한 모습을 보여줄 수 있었던 게 합격에 큰 몫을 한 것 같아요. 무엇보다 '나 혼자의 힘으로 성적을 올리고 학교생활을 잘 해냈다'가 아닌, '그 일을 겪으며 이런 교훈을 얻고 이런 변화가 생겼다' 혹은 '주변 사람들과의 유대관계가 생겼다' '다른 사람들과 함께 발전했다'를 강조하는 게 중요한 거 같아요.

비교과 활동도 많이 했나 보네요. 학생회, 동아리 활동 외에도 어떤 활동을 했나요?

수학·영어 튜터링 2년, 사회복지센터에서 초등학교 저학년 대상 과학 교육프로그램 진행 봉사 2년, 학년회장, 반장 등을 했어요. 소위 말하는 '스펙'용이 아니라 제가 하고 싶어서, 지금 아니면 겪을 수 없는 경험일 것 같아 했던 것들이에요. 물론 자기소개서에도 이 활동들을 언급했지만 설령 자기소개서가 필요 없는 전형에 지원했어도 비교과 활동은 똑같이 했을 거예요. 지금의 나를 만들었고, 잊을 수 없는 소중한 경험이었으니까요. 비교과 활동을 하면서 아는 걸 쉽고 재밌게 전달하는 방법, 한 문제에도 다양한 해결방법을 적용하는 훈련, 돌발 상황에 대처하는 능력 등을 기를 수 있었어요. 비교과 활동을 통해 또 다른 역량을 발견하고 키우는 시간은 경쟁력을 갖출 수 있는 기회라고 생각해요.

2단계에서는 면접도 봤는데, 기억나는 순간이 있나요?

처음에 나름 웃으며 밝게 인사했는데 긴장한 티가 났는지, 가장 먼저 밥

먹었냐는 질문이 나왔어요. 먹었다고 답했더니 인천 맛집을 소개해줄 수 있냐는 질문이 이어져 당황했어요. 정말 솔직하게 "생각나는 패밀리 레스토랑이 있는데 분위기도 좋고 메뉴도 다양해 추천하고 싶다. 자녀분들은 좋아할 것 같은데 우리 어머니는 맛도 별로고 비싸다고 안 좋아한다"고 답했어요. 긴장감이 한결 풀렸죠. 5분 정도 가벼운 질문이 나왔고, 편안하게 모든 걸 쏟아낼 수 있었어요.

자기소개서 기반 질문을 포함해 '학년별로 희망진로가 달라진 이유는?' '가장 인상 깊었던 활동은?' 등의 질문을 받았어요. 진로 관련 질문에서는 "많은 진로를 꿈꿨지만 해양 분야에 뛰어들고 싶다는 생각만큼 큰 확신은 없었다. 중간에 진로가 달라진 건 이 확신을 얻기 위해 거친 과정이라 생각한다"고 대답했어요. 면접이 끝나고 "3월에 보자"는 말을 들었어요. 면접에 모든 걸 쏟아내고, 합격을 예상할 수 있는 그 말을 들은 순간! 그렇게 기분 좋았던 때가 없었어요. 아직도 기억이 생생하네요.

언제부터 면접을 준비했나요?

3학년 1학기 내신시험이 끝나자마자 면접 준비를 시작했어요. 선생님들은 수능공부도 병행하라고 하셨지만 전 면접만 잘 보면 합격할 수 있다고 생각해 과감히 면접에 집중했어요. 지원 학교별로 인재상, 학과 교육과정의 특징과 고등학교에서 했던 활동을 노트 한 권에 정리한 뒤, 서로 어떤 연관이 있는지 자연스럽게 설명할 고리를 찾고 예상 질문과 답안을 생각했어요. 답안에서는 인성 부분을 최대한 강조했어요. 예를 들면 튜터링 활동에서 친구가 성취감을 느낄 수 있도록 어떤 고민을 했는지, 더 쉽게 가르쳐주기 위한 고민과 시도를 어떻게 했는지, 동아리 등 갈등상황에서 어떻게 대처했고 무엇을 배웠는지 등을 자세히 적었어요.

해양학과를 꿈꾸는 후배들에게 한마디?

막연한 세계를 배운다기보다는 우리에게 친근한 바다를 가까이하는 학과라고 생각하면 좋을 것 같아요. 거창한 지식이 필요한 게 아니니, 바다에 애정을 가진 학생이라면 누구든지 환영해요! 교수님, 선배들과도 가까워지기 좋으니 해양학과에 와서 꿈을 펼쳤으면 좋겠어요!

 전국 대학의 해양학과

주로 국립대나 해안 지역 대학에 개설되어 있습니다.

군산대(해양과학대학), 경북대(해양학전공), 목포대(해양수산자원학과), 부경대(해양학과), 부산대(해양학과), 서울대(해양학전공), 인천대(해양학과), 인하대(해양과학과), 전남대(환경해양학전공), 제주대(지구해양과학과), 충남대(해양환경과학과), 한국해양대(해양환경학전공), 한양대(해양융합공학과/해양융합과학과)